文明的逻辑

THE LOGIC OF CIVILIZATION

世界秩序与国际话语的重塑

陈雪飞 著

当代世界出版社
THE CONTEMPORARY WORLD PRESS

本书获外交学院中央高校基本科研
业务费专项资金资助，特此致谢。

目 录

第一章　两种例外论、两种普世观与两种世界秩序　1
一、中国例外论、文化普世观与天下–朝贡体系　3
二、美国例外论、美国普世观与帝国–霸权体系　7
三、两种世界秩序观的两次“遭遇战”　10
四、走向文明复兴：中国对新世界政治经济秩序的探求　16
五、继往以开来　22
第二章　中国应建立文明导向的世界秩序观　28
一、“利益导向的世界秩序观”的内在困境　29
二、重建文明导向的世界秩序观　34
三、探寻可普遍化并具有高度正当性的世界秩序观　38
第三章　义利之辩与经略周边之道　42
一、儒家义利观：仁政德教不战屈兵　44

二、法家义利观：教伐有别王霸杂糅 46
三、经略周边的儒法义利之辨 47
四、古为今用：构筑中国社会主义义利观 51
第四章 中国模式的文化折扣 54
一、中国模式为何物 57
二、中国模式的问题何在 61
三、中国模式是否普适 65
四、结语 69
第五章 公共外交的“外推”与“内引” 76
一、“外推”与“内引”：公共外交的两大模式 77
二、新加坡公共外交的“内引模式” 78
三、朝向内外并重的中国公共外交 84
第六章 中国在非形象的公共外交视角 91
一、中国在非洲的公共外交处境 92
二、非洲人眼中的中国形象 94
三、中国在非洲的公共外交战略 104
四、结语 110
第七章 中国故事与国际话语权 117
一、讲中国故事要有受众意识 117
二、话语、话语权与话语霸权 125
三、文化自信与国际话语权 128

第八章　新媒体时代的国际话语权竞争　133
一、竞争型公共外交博弈　134
二、美俄在华“微博公共外交”的竞争策略　136
三、“微博之战”与美俄的外交政策　143
四、美俄竞争型公共外交的效果　146
第九章　信息时代国际话语的政治修辞　157
一、信息时代的政治修辞　158
二、自我呈现的修辞战略与策略　159
三、美俄的自我呈现修辞竞争　165
四、结语　178
参考文献　185

第一章
两种例外论、两种普世观与两种世界秩序

中国文明从未中断。基辛格的《论中国》[1] 阐述了中国文明的文化与政治根源，及其与以美国为代表的西方文明的关系，以及它们对各自世界秩序观的巨大影响。

在世界政治意义上，英国和美国开启了西方文明的新纪元。大致而言，19 世纪是英国世纪，20 世纪是美国世纪，在此之前，从来没有任何政治体在全球范围内拥有过如此极具扩张性的霸主地位。历史上有埃及帝国、波斯帝国、马其顿帝国、罗马帝国、神圣罗马帝国、奥斯曼帝国这样的区域性霸主，但并不存在全球意义上的霸主。除了经济实力和军事力量的支撑，英国和美国所代表的西方文明还严重依赖于两个紧密关联的主题：例外论与普世观，它们同时又都是其世界秩序观不可分割的组成部分。

在 21 世纪的第一个十年中，中国在经济上重新崛起，但在国际话语权上却依然处于弱势，二者形成的鲜明反差引人深思，各种不同的说法莫衷一是：有“中国威胁论”“中国崩溃论”“中国傲慢论”等；也有“中国机遇论”“中国

责任论”“中国必胜论”等。与而美国外交政策界既有反华仇华的“蓝队”，也有主张与华接触的“红队”。基辛格是其中少数知华的中国通，他的《论中国》比较了中美在例外论、普世观与世界秩序上的差异。在中国经济崛起之前，有一种例外论声音最大，即西方的、英国或美国的、宗教的、传经布道式的。当中国经济实力即将重新回归历史常态的大势时，则放大了另一种例外论，即东方的、中国的、文化的、文明教化式的。在基辛格看来，[2] 美国例外论支撑的是扩张性的美国普世观，它企图在全世界建立自己的宗教势力圈，向全世界每个角落传播其价值观。中国例外论支撑的是内敛性的“文化普世观”，它是一种文明中心论，但从不强力向外扩张，它高高在上但不仗势欺人，而是遵循“古有来学，未闻往教”的文化自信，只在周边地区建立自己的“文化势力圈”，不主动寻求武力征服，没有建立任何海外殖民地，从未远涉重洋传播自身文明，与此同时，也从来没有（完全）臣服于任何外来强力，反倒每每将外来力量同化。

如果说中国文明中心论曾经支配着中国人的世界观，那么，在历经百年沧桑、国家重归一统之后，这种文明中心论是否还有其历史连续性？换言之，在“为有牺牲多壮志，敢叫日月换新天”的革命时代，在“发展才是硬道理”的改革时代，中国的世界秩序观是否还浸淫在历史当中，渗透着传统的中国文明中心论？就此而言，基辛格似乎为我们描述了一个我们自己也不熟悉的世界，很多人会怀疑中国文明中心论是否真的有如此这般历经巨变而绵延不绝的历史连续性。

进而，如果说基辛格的《论中国》代表着美国人对中国文明的深入理解的话，我们头脑中所想的并不是对中国文明在历史上曾经多么风光的怀旧，甚至也不是未来重建天下体系的可能性，而是下面这一绝大多数美国人完全不知道甚至不少中国人已经遗忘或正在排斥、意欲推翻的事实，即中国曾是一个中央帝国，中国人的世界秩序观来自中国文明，来自中国文明中心论，并且始终受到中国文明中心论的支配和形塑，从未断绝。中国文明中心论的烙印与人类历史上最不为西方人所理解的事实同样悠久而深刻。

一、中国例外论、文化普世观与天下-朝贡体系

在基辛格看来，中国例外论建立在中国中心论之上，中国中心论又建立在中国文明中心论之上，[3] 因此，中国例外论实际上说的是中国文明中心论。换言之，只有理解了中国文明中心论，才能理解中国例外论，而只有理解了中国文明的独特性，才能理解中国例外论。中国文明的独特性体现在四个方面。首先，中国文明历史悠久，并且从未断绝，中国文明的连续性成为中国的一条颠扑不破、永恒存在的自然法则，[4] 中国文明的时间观是一种循环往复而非传统与现代二元分化的时间观。[5] 天下大势，分久必合，合久必分。中央政权并非一世二世、十世百世乃至万世无穷世，但每次垮台

都会被重建，如此循环往复，分裂与统一周而复始。中国只需复原，无须创建，统一是常态，分裂是暂时的不正常状态。每当此时，都会有人以天下一统为号，沿袭古老传统，征服竞争对手，将中国重新统一。朝代改换了，但中国文明的精髓传承了下来，中国文明的连续性得到了维系。秦朝开创了天下大一统的帝国体系，后世每每以暴秦贬其政，但却无不以恢复天下归一之制为己任，舍此，则无从获得自己的政治正当性。由此，才如白鲁恂（Lucian Pye）所言，中国不是一个（西方意义上的）民族国家，而是一个佯装成民族国家的文明。[6] 悠久而连续的中国文明就是中国最大的独特性，中国例外论不是来自自诩“中土之国”、“中央之国”、“东亚中心”或“世界中心”，而是来自迄今为止中国文明是人类历史上唯一延续几千年的文明这一颠扑不破的事实。

其次，中国人对自己悠久而连续的文明的高度自觉与自信，并且坚信可以在各种极端艰难困苦的条件下延续中国文明。在现代意义上，中国看起来是西方普世观念的例外，但在文明的历史长河里，只有例外的才是普世的。基辛格指出，悠久而连续的中国文明，让中国在人类历史上处于绝无仅有的光荣且孤立的地位，中国人，尤其是中国的精英阶层（也许我们要说是在历史上）长期浸淫在中国的独特性当中，习以为常，他们认为中国举世无双，中国不是、不仅仅是世界诸文明中的一个伟大文明，中国文明就是文明的化身。[7]

再次，中国之所以为中国，是因为成熟的中国政治文明。中国政治文明的成熟、中华帝国的延续，依赖的是共识而非暴力，平民百姓和政治精英都长期信奉同一套文化价值观，即儒家为主、糅合释道的文化价值观，主要体现为以和谐安宁、公平正义为依归的社会治理之道与各司其职、恪守本分的等级制社会。基辛格强调，这种等级秩序的顶点是皇帝，他（她）集社会秩序中的宗教信条和世俗说教于一身，既是政治统治者，又代表一种形而上的观念。他是天子，调和天、地、人之间的关系。他负有道德义务，系天下万物和谐于一身。他担负着治天下的天命，必须在分裂后重新恢复天下大同，官员与社会精英也以修身、齐家、治国、平天下为己任。此外，帝国的治理依赖的是一整套成熟的帝国官僚体制，通过不考虑民族、宗教、社会经济地位差异的人人平等的科举制选拔官员，统治权力渗透到了社会经济的各个角落。[8]

最后，中国文明之为中国，还在于中国文明自成一体、自成体系。对内，中国的语言、文化、社会和政治体制自成一体、自成体系。对外，天下一统，皇帝威加海内，君临天下，以夷制夷，远交近攻。[9]

基辛格认为，正是以上述中国例外论为基础，中国人形成了自己世俗意义上的文化普世观：中国没有产生过西方意义上的扩张性宗教，没有经历漫长的中世纪神权社会，中国人的世界是自己创造的，中国人相信自己的价值观有普世意义，但这套普世观仍只施于本国而不求强加于他人。作为中央帝国的传承者，中国根据其他国家与中国文化和政治形态的亲疏程度，将它们划分为不同层次的朝贡国，以及不同层次的文化势力圈。中国与周边国家的疆界与其说是政治和领土的分界线，不如说是文化差异的分水岭，这就是基辛格所界定的“中国的文化普世观”。[10]

由是观之，中国的世界秩序观正是建立在这种高度自觉、高度自信、自成一体、自成体系的例外论与文化普世观的基础之上。皇帝君临天下的天下-朝贡体系被视为中国的世界秩序观的自然法，也就是中国之于外部世界的天命所在，这种天命观并不意味着与邻国为敌，而是以友好和谐为上。基辛格指出，不管开放还是封闭，中国都不需要与同样幅员辽阔、文化发达的社会接触，也从未遇到过在规模和文化上足以匹敌的社会，因此，中国从未长期与另一国平等交往，但是，中国也并不寻求不现实地影响远离自己的国家，亦从未在全世界传播自己的价值观。天下-朝贡体系是个以中国为最高点的政治等级制度，大多数邻国为中国的藩属国，意图统治中国领土的竞争对手也在不同程度上吸收了中国文明，否则就没有政治正当性，而这也正是被中国文明同化的开端。在天下-朝贡体系中，中国乃世界中心，其他国家皆是中国文化的变体，它们吸收中国文化，向中国朝贡，构成了一种自然秩序。[11]

但是，天下-朝贡体系是个内敛性的世界秩序架构，中国文化的辐射圈涵盖整个东亚，但也到此为止。中国从未追求建立世界帝国，尽管中国实际上并非没有这种实力。中国关心的是如何驾驭临近的蛮夷，以礼相待，又保持居高临下的疏远，使之接受藩属地位。中国欢迎它们学习中华文化，但从不主动寻求它们的皈依。只要向中国进贡即承认其宗主国地位，就可以通过与中国和中国文明的交往获益，不肯这样做的都属未开化之列。帝国强盛时，中国文化圈随之延伸，天下一统为一个由占人口大多数的汉族及众多少数民族组成的多民族政治体。[12]

因此，基辛格认为，中国与朝贡国的外交是天下大同的一部分，中国允诺给邻国人民的不是平等而是公正，根据一国人民受中国文化影响的深浅以及对中国礼仪的尊重程度，分别示以怀柔。[13]

二、美国例外论、美国普世观与帝国-霸权体系

与中国例外论不同，美国例外论突破了欧洲自 1648 年以来所谓的威斯特伐利亚体系，这一体系正是近代西方国际关系观念的核心支撑点。基辛格简要梳理了威斯特伐利亚体系的成因。中世纪西方宗教体系解体后，罗马天主教会分裂为各色教派，一批国家的王权在与神权的斗争中取得胜利，但各国之间实力相当，没有任何一国强大到足够把自己的意愿强加给其他国家的程度，也不再有哪一种宗教有足够大的权威像罗马天主教那样统摄各国，因此催生了以势力均衡、主权平等和法律平等为三大根基的威斯特伐利亚体系。[14]但是，威斯特伐利亚体系并不是以确保和平为目标的体系，它只是确立了各国之间彼此独立，[15] 实际上它也并未确保

和平，其实质仍然是以英法德这些大国为中心的实力政治，各国之间仍然战火纷纷。

自1648年威斯特伐利亚体系确立以降，西方内部出现了各种流传至今的国际关系理论：主权理论来自法国的博丹，国际无政府状态说来自英国的霍布斯，国际势力均衡理论来自法国的卢梭，和平和理性主义思想来自德国的康德，国际冲突理论来自德国的克劳塞维茨，国家中心论来自德国的黑格尔。[16] 而美国例外论既继承了欧洲威斯特伐利亚体系及其以降的国际关系理论，又不时表现出鲜明的差异，先是孤立主义，后是两次世界大战期间大发战争财的中立主义，接着是第二次世界大战后冷战期间与苏联争霸，最后是冷战结束后奉行至今的帝国-霸权体系。

威斯特伐利亚体系事实上已在20世纪20至30年代随着金本位制的崩塌而瓦解，作为其实质内核的势力均衡体系已从一种西方的世界秩序体系弱化为一个战略理念。二战后，英帝国的殖民体系正式全面解体，整个西欧被纳入美国的保护伞下，美国自视为“上帝选民”“山巅之国”，经过二战后三十年的休养生息，开始对外推行价值观外交，并在这个过程中，不断强化传经布道式的美国价值观，先是推行人权外交，在东欧剧变后，美国成为世界唯一霸主，又开始向世界各个角落传播其价值理念。因此，可以说，1648年以来的世界秩序，是西方霸权武力征服世界其他地区的产物，由英、美先后主导。1815至1914年是西方世界极为罕见的百年和平时期，其中1834年至1914年又是西方社会最为关键的八十年，19世纪之所谓“英国世纪”，正是因为英国在这个时期处于世界霸主地位，英帝国达到了控制全世界三分之一人口、三分之一领土的巅峰状态。

第一次世界大战后的休养生息期只有十年，其后整个西方就进入了大萧条时期，旧的世界秩序在这个时候开始崩溃，英国和美国相继宣布废除金本位制，拉开了世界重心从英国向美国转移的大幕。这次转移在第二次世界大战即将结束之际完成，在政治上是联合国的建立，在经济上是包括国际货币基金组织、国际清算银行和世界银行在内的布雷顿森林体系的建立，这些机构大多处于美国的主导、控制和支配之下。

也就是说，到了二战结束之际，整个西方的世界秩序观已经从英国主导的威斯特伐利亚体系转向美国主导的帝国-霸权体系。2003年，罗伯特·卡根出版了一本名为《天堂与实力——世界新秩序下的美国与欧洲》[17]的小册子，点破了美国与欧洲的关系在这个转变过程中的新变化。美国人来自火星，欧洲人来自金星；美国是强者，欧洲是弱者。美国与欧洲在实力的效用、实力的道德性、实力的可欲性上都有着重大分歧：“欧洲正在远离实力，换言之，欧洲正在摒弃实力，进入一个以法律、规则、跨国谈判与合作进行自我约束的世界。它正进入一个和平的、相对繁荣的后历史天堂，实现康德所描述的‘永久和平’。与此同时，美国却陷入了历史的泥沼，还在一个无政府状态的霍布斯世界里动用了实力。在这个世界里，国际法和国际规则是靠不住的，实现真正的安全、防务和推行自由秩序仍然依靠拥有和使用武力。”卡根敏锐地指出，欧洲向往的和平天堂是靠美国的实力保障的，没有獠牙的欧洲在美国愈发强大的影响力面前越来越无所适从。[18] 人类社会进入21世纪后，美国主导的帝国-霸权体系正在“和平地衰落”，美国2007年爆发的次贷危机在2008年演变成全面的金融危机，这场来自美国的金融危机“传染”给了欧洲，导致了欧洲多个大国出现了严重的主权债务危机。

如果说美国人来自火星，欧洲人来自金星，那么中国人来自哪里？无论如何，美欧关系是西方社会的内部关系，未来的世界秩序将越来越受美国、欧洲与中国三方关系即中美关系、中欧关系和美欧关系所塑造。如卡根所述，美欧关系就像是男人与女人的关系，而中欧关系以经贸为主，中美关系则更为复杂，既互为最重要的贸易伙伴，又互为主要的竞争对手。因此，在很大程度上，中美关系是三方关系中最重要的一对关系，美国人如何看待中国就变得非常重要，反之亦然。

三、两种世界秩序观的两次“遭遇战”

在基辛格看来，在中国文明中心论基础上建构的中国例外论、文化普世观，共同塑造了中国几千年来再自然不过的世界秩序观：天下-朝贡体系。[19] 相比之下，建立在西方基督教中心论基础之上的美国例外论、美国普世观，共同塑造了美国的帝国-霸权体系。威斯特伐利亚体系处理的是欧洲大国彼此之间的内部关系，所谓势力均衡只是几个大国之间的实力均衡，实质上这种均衡状态是很短暂的，英帝国在19世纪的霸权地位是对这种势力均衡体系的突破，欧洲国家对外部世界推行的是殖民帝国霸权体系，并且针对中国这样的大国可以联合作战。

第一次“遭遇战”：西风压倒东风

中国的世界秩序观与欧洲的新世界秩序观的第一次遭遇战发生在18世纪末。中欧先是发生了互不承认的和平冲突，在大约半个世纪后的1840年变成了暴力冲突，中国的世界秩序观被冲击得千疮百孔，发生了天翻地覆的变化。

基辛格认为，从和平向暴力冲突转变的原因在于，中国坚守旧的世界秩序观，无法接受欧洲所代表的新世界秩序观，即无法放弃中国中心论，无法放弃天下-朝贡体系，无法接受自由贸易、互派外交使节和主权平等。[20] 按照这个逻辑，今天中国例外论与美国例外论的冲突实际上也就意味着，中国至今也无法接受美国所主导的帝国-霸权体系，以及为之提供正当性支撑的基督教价值观念，事实上也包括无法接受美国所代表的现实主义实力政治。中国人从未放弃中国中心论，从未失去对自身悠久文明的高度自信，因此，尽管中国无意在全世界重建天下-朝贡体系，也不大会在周边地区重建这一体系，但中国从未丧失文化自信。更为重要的是，中国从来都无意用暴力方式征服全世界，中国被迫处理与世界的关系时，仍然坚持自成一体、自成体系。如果有哪个国家看不清楚中国世界秩序观的这一核心特征，贸然行动，纵然一时得利，但终究会灰头土脸铩羽而归。

作为当时世界领先的商业大国、航海大国，英国显然不愿意接受中国的世界秩序观，不愿意做中国的藩属国，不愿意被纳入中国传统的天下-朝贡体系，更不承认中国的世界中心地位。因此，在所谓“欧洲为改变当时中西方交往方式所做的一次最著名、最友善和最‘不炫耀武力’的努力”的马噶尔尼使团失望而归的四十年后，英国悍然发动了鸦片战争。尽管基辛格固执地认为这是中国人僵化保守不接受威斯特伐利亚体系的结果，比如中国先是试图用五饵政策让英吉利贡使心悦诚服，后来又派耆英抚夷驯化。但他正确地指出，中国的确低估了英法等西方列强的野心及其技术力量，它们并不是传统的入侵者，而是新型的入侵者。换言之，它们此行的目的不是在中国定居、融入中国文明和中国人的生活，而是像亚当·斯密所隐示或明示的，它们认为自己来自更先进的社会，想要的只是根据自己的财力、实力和胃口，掠夺、攫取经济利益，英法为代表的欧洲列强在中国追求的治外法权，也并不符合威斯特伐利亚体系的基本原则。总之，鸦片战争的确代表着两种世界秩序观的严重冲突。

基辛格把这种冲突归结为以公正为基本理念的中国世界秩序观与以平等为基本理念的西方世界观之间的严重矛盾。但是，拥有先进技术力量的西方列强打败了中国，中国传统的自我形象受到全面冲击，中国的天朝上国地位不保，遭遇欧洲列强、俄国和日本三大威胁。欧洲列强不想取代中国，而是意欲迫使中国接受自己塑造的新世界秩序，它们要的是沿海地区的经济利益，开放通商口岸，自由传教。而俄国主要想抢夺中国的领土。唯有甲午海战之后的日本不仅想侵占领土，还想取代中国，成为东亚国际秩序的新中心。[21] 对日本野心的分析没错，但基辛格显然高估了明治维新前或者甲午战争前的日本。

为什么濒临崩溃的中国世界秩序观最终却没有彻底瓦解，反而给1949年的新中国留下了丰富的道义遗产和领土遗产？基辛格认为，源自欧洲的国际关系均势理论显然无法回答这个问题，中国几乎完全是靠运用两个传统资源实现了这一点：一是中国对自己作为万邦上国的高度自信从未消失，中国自认仍然是驾驭万邦的帝国，这是中国人民坚韧特质和文化自信的根源；二是中国人运用传统的以夷制夷、远交近攻的对外战略，挑动在华“蛮夷”互斗，遵守洋人的国际法原则，并非认为这些原则有道理，只是认为这样有助于约束洋人的野心。这一战略的支持者包括主张师夷长技、以夷制夷、利用均势理论的魏源等知识分子，也包括主张根据轻重缓急区分危险、远交近攻的恭亲王，还包括坚守中华文化同时追求军事强国的李鸿章。[22] 在这里，基辛格隐晦地表达了，中国落后于西方的不是文化，而是技术，只有自给自足的信念，无法消除中国面临的现实威胁，所以中国必须在技术上赶超西方。

第二次“遭遇战”：恢复自成一体

中国的世界秩序观与美国代表的新世界秩序观的第二次遭遇战发生在1949年新中国成立之后。中国开始形成新的世界秩序观，并且在很大程度上是在向自己学习，尽管天下-朝贡体系无从恢复，但中国文明中心论、中国例外论、文化普世观这三个要素还在发挥着强大的影响力。

在1949年9月21日的中国人民政治协商会议第一届全体会议上，毛泽东庄严宣告：“中国人民从此站立起来了。”从这一刻起，一个基于传统又不同于传统、属于中国和中国人的世界秩序观开始形成。在美国内部激烈争论谁丢掉了中国之际，[23] 中国已经明确了对西方的态度[24]，这是一种革故鼎新、旧邦新造的态度，中国决定“另起炉灶，打扫干净屋子再请客”：先清除殖民主义的残余影响，再与西方帝国主义国家建立外交关系，进而利用自己的影响力，把世界人民团结起来，在被压迫的国家和人民中鼓励革命。

出于与苏联对峙争霸的冷战需要，美国国务卿艾奇逊史无前例地宣布：“谁破坏中国的领土完整，谁就是中国的敌人，也是我们利益的敌人。”[25] 二十年后尼克松发表了类似的观点。尽管如此，基辛格指出，以毛泽东为代表的中国人清醒地看到，美国出兵朝鲜，派舰队进入台湾海峡，就是在构筑对中国的包围圈，就是对亚洲的侵略。[26] 也就是说，美国人前说一套、背后做的是另一套，口不对心。美国组织所谓“联合国军”发动朝鲜战争，实质上是要迫使中国接受美国的帝国-霸权世界秩序观，即国际秩序需以美国主导的联合国之类的国际组织为基础，没有其他选择。这实际上是一个中国没有参与的国际制度，尽管名义上中国是联合国和布雷顿森林体系的创始国之一，以毛泽东为代表的中国人不会接受这样一个世界秩序。

因此，中国派遣军队抗美援朝，并且取得了历史性的胜利。基辛格认为，朝鲜战争的结局并不是中国与美国组建的所谓“联合国军”之间的平局，中国一战立威，不仅极大地制约了美国的对越战略，更重要的是确立了新生的中华人民共和国作为军事强国和亚洲革命中心的地位，建立了中国作为一个令人敬畏的对手的军事威信，并且这一威信一直延续至今，让西方国家不敢对中国轻举妄动。基辛格因此强调，毛泽东国际思想的贡献不仅在于其卓越的战略思想，更在于其体现了藐视世界强权，敢于走自己的路的坚强意志。[27]中国由此恢复了文明自觉和文化自信，作为世界上最宏大、最有序、最优越的政体，中国的影响遍及全世界，在近代只是暂时落后，现在与未来都不会屈居人下。[28]至此，两种世界秩序观的第二次遭遇战以中国恢复了自成一体的高度自信告终，中国人开始有了充分运用中国文明中心论的遗产、构想并创建新世界秩序的可能性。

四、走向文明复兴：中国对新世界政治经济秩序的探求

在深入理解中国文明的基础上，基辛格强调，新中国第一个三十年与第二个三十年的共性大于差异，[29] 也就是说，中国始终坚持中国文明中心论。《论中国》全书十八章，另有前言、后记各一。全书可分为三个部分，第一至三章为第一部分，廓清中国例外论、文化普世观和天下-朝贡体系的内核及其在中国传统政治时期的历史连续性，第三章为过渡章，讲述连续性在外部力量的冲击下出现裂痕；第四至十一章为第二部分，共八章，分析连续性在新中国第一个三十年里得到重建，中国文明的传统遗产在现代中国复活了；第十二至十八章为第三个部分，共七章，指出连续性在新中国第二个三十年里得到延续。前言、后记单立，分别指向中国独特性与美国独特性的差异及其未来图景。尽管面对截然不同的西方世界秩序，但中国的世界秩序观正是依靠其独特性得以维系的，即连续性因为独特性而延续。没有对自身语言、文化和政治体制的自成一体、自成体系的高度自信，就没有中国文明中心论，没有中国独特性，也就没有以天下-朝贡体系为核心的中国世界秩序观。

基辛格认为，尽管毛泽东把中国积弱的原因归结为儒家思想，把“和”视为一种奴役，[30] 但是，新中国在第一个三十年对内重新定义民族特征、对外向核大国发出挑战，对

内继续革命、对外延续大同理念，对内与封建历史决裂、对外重塑国际秩序。毛泽东宣称与过去决裂，却仍依靠许多传统文化制度，把治国等同于德化教育，几次尝试打碎又不得不重建官僚体系，努力尝试从天下大乱到天下大治，变乱世为治世。[31] 因此，毛泽东从来都不是历史虚无主义者，他从历史先例中寻求满足现实需求的战略，把悠久文明形成的古老战略、政治韬略与中国在西方主导的政治经济秩序中的独立自主思想相结合，让中国的外交战略具备了人类历史上独一无二的千年视野。[32] 在基辛格看来，新中国坚持中国例外论，充分运用"三角外交"战略优势，防止针对中国的战略包围，形成了中国式的"一条线""进攻性威慑""武装共处，威慑和平"[33] 等立足千年传统指导现实的大战略，使中国在面对外部压力的时候，毫不畏惧，坚定地维护中国的独立自主地位。

坚持中国例外论。基辛格认为，新中国在第一个三十年中虽然也希望推动世界革命，并支持任何地方的革命运动，但一切外交政策仍以保证中国的生存为重。中国清醒地意识到，防止战争比支持世界革命更为重要，所以有必要与美国和解。也就是说，中国革命是以中国为中心的，要对世界产生影响，也只能通过中国人民的努力和作为榜样的力量。中国拒绝仿效西方，是为了防止现代技术侵蚀中国社会的独特性。因此，中国拒绝臣服于西方所主导的全球化进程。[34]

充分利用中苏美之间的三角关系。中国一方面坚信人民必胜，既不惧怕核威胁，也不要核保护伞，而是着眼在现代化与核武器技术上追赶西方。中国的信心不仅因为中国人口众多，还因为中国文化的坚韧和人民之间的强大凝聚力。中国不赞同美国的核武器战略观和集体安全学说，毛泽东说过："有人要借我们一把伞，我们不要，我们不要核保护伞。"相反，中国自主研究发展核武器，坚决捍卫国家领土，同时提出三个世界理论，支持不结盟运动，反对超级大国的霸权主义，确立了不容小觑的大国地位。另一方面，基辛格认为，在三角外交中，中国还贯彻了以夷制夷的思想，让周边势力分裂，[35]包括中美建交，亲美拒苏，都是来自这种传统战略。[36]基辛格指出，尼克松正是基于美国价值观，"援用威尔逊原则"，"建议请中国回到国际大家庭"，一个美国总统宣布一个共产党大国的生存符合美国的战略利益，这似乎比二十年前艾奇逊的话更有诚意。毛泽东以中国为中心，考虑的主要是中国的安全和前途而非某个国际体系或国际关系理论，因此他愿意改变中国政策的重心，改换盟友，甚至还可以向美国学习。但是，基辛格强调，中国领导人并不同意尼克松的看法，中美建交不是中国重返什么现有的国际秩序，因为中国并未参与建立现有的国际体系，这个体系与中国无关，中国的安全本质上当然也不是主权国家之间的什么法律协定能够保障的。而在处理三角关系上，中国形成了新的战略思想：不寻求共同利益，而是利用交叉重叠的敌意使对手之间互相对抗；不遵守均势理论，不寻求任何超级大国的保护，而是利用美苏之间的戒惧同时反抗它们两国；在斗争中求存，加强危机管理，把筹码加到对手不会跟进的高度，又避免和对手正面交锋；拒绝参加华约，捍卫自己的国家利益，绝不听命于任何一个联盟。[37]

防止战略包围。基辛格主张，中国的外交战略常常从中国传统文化中汲取灵感，[38] 四书五经、二十四史、《孙子兵法》、《三国演义》、《水浒传》、《红楼梦》等古典文献都是中国人的重要思想资源，中国人常用象棋术语阐述外交政策与理论，把中印边境自卫反击战初期的军队调动称为“跨过楚河汉界”，把中国面临的威胁视为针对中国的战略包围，只要认识到西方在中国周边布下太多棋子，就要冲破包围圈。中国毫无畏惧地参加了朝鲜战争，就是出自这种立足传统、立意大胆而又影响巨大的战略考虑。

“一条线”。[39] 冷战时期，美国的遏制理论主要运用在美国与欧洲的关系上，以遏制苏联为目标组建大西洋共同体。但是，中国的遏制对策[40] 却放眼全球，主张受到苏联扩张主义威胁的国家要搞“一条线”：把美国、日本、巴基斯坦、伊朗、土耳其和欧洲连成一线。基辛格就此认为，新中国的第二个三十年延续了第一个三十年的战略思想，中国与两个超级大国达成了某种新均势，毛泽东所设想的“一条线”事实上已经形成，中国借此重新调整全球力量对比关系，并且很快就开始在全球利用自己的新机会。中国通过巩固自己在第三世界的地位，与两个超级大国拉开了距离，一定程度上对两个大国都表示反对。作为超越两强竞争的最大中立国，中国有道义上的独特地位。[41]

“进攻型威慑”。基辛格认为，西方的威慑过于消极，中国的反应与之相反，是一种进攻型的威慑，中国并不消极地被动等着挨打，而是主动争取，先发制人，但又不是西方式的军事打击。中国人所说的先发制人不是为了打败敌人，而是为了改变双方的心理平衡，调整或控制各种风险，形成对自己的战略优势。基辛格认为，中国在朝鲜战争、对越自卫反击战中奉行的都是进攻型威慑理论，[42] 无论什么时代，中国即使面临天下大乱的国际局势，即使在最危急的时刻，在敌强我弱的情况下，也镇定自若，毫不放弃独立自主的外交战略，这种战略思维在中国人心中根深蒂固。基辛格主张，新中国的第二个三十年奉行不结盟原则，但却与美国合作并一起行动，中美之间拥有某些共同利益，通过政治军事合作，在亚洲遏制苏联的扩张，对整个苏联外围施加压力。正是在这个意义上，基辛格把对越自卫反击战视为冷战的转折点。[43]

“武装共处，威慑和平”。基辛格指出，中印边境自卫反击战表明，中国人的战略决策有充分的准备：透彻分析，缜密筹备，考虑心理、政治因素，谋划奇兵速胜。在此期间，中国人形成了通过威慑促进和平的“武装共处”战略，毛泽东形象地将这个战略表述为：“你端着枪，我也端着枪，脸对脸地站着，可以练胆量。”如果该战略无法达成目标，就通过一场闪电奇袭战解决问题。[44]

新中国成立七十多年以来，中国在上述各种对外战略的基础上，积极探索建构新的世界政治经济秩序。在整个过程中，中国一贯坚持独立自主、自成一体。基辛格认为，毛泽东坚持独立自主，反对美国主导世界秩序。[45] 邓小平则在开创新的中国道路的同时，强调维护自毛泽东时代以来赖以凝聚社会的哲学原则，[46] 既不能完全放弃自力更生，同时又要对外开放，进而推动内部改革，用普通人的幸福和发展来重新定义善政标准。[47] 在面临外部压力时，中国往往会回到传统立场：独立自主、道义超然、高傲优越，不接受任何压力，坚决抵制任何外来威吓，坚信自己可以挫败超级大国的野心。[48] 中国相信，一个稳定的中国本身就是对一个新的世界秩序的建设性贡献，因此无法接受外国对自己指手画脚。邓小平“冷静观察，稳住阵脚，沉着应付，韬光养晦，善于守拙，决不当头”的 24 字指示，与中国传统存在莫大的关联，旨在恢复大国地位，捍卫国家利益。[49] 基辛格接着说，江泽民明白中国的发展离不开世界，主张中美应努力在 1648 年威斯特伐利亚体系所依赖的势力均衡原则的基础上，建设国际新秩序，并尝试让意识形态适应相互依赖的现实，但又坚定地不接受任何外来压力。[50] 胡锦涛对内提出建设和谐社会，追求政治稳定和社会稳定，对外提出共建和谐世界，实现和平崛起、和平发展，努力通过渐进改革和国际关系民主化来实现国际政治经济新秩序。基辛格就此认为，和平崛起、和谐世界的主张唤醒了维系中国大国地位的传统原则，即渐进主义，顺应趋势，避免公开冲突，既占据资源、领土等有形的主动权，又强调和谐世界的道义主张。[51]

基辛格坚持，尽管还不那么清晰，但中国新的世界秩序观正是建立在中国文明的上述各种传统遗产与现实政治形势相结合的基础之上，中国对新世界秩序的探求是自主并立足长远的。中国人善于从历史角度考虑问题，中国人有能力也有必要比西方人想得更长远。[52] 中国人考虑得更多的是大局，是互相信任、互相尊重。中国对国际事务的看法是独特的，不会遵循美国的帝国-霸权世界秩序观，也不会坚持中国传统的天下-朝贡世界秩序观，中国只求各国平等，并不炫耀武力，也不惧怕压力，即使所有可能的敌人一起围攻中国，中国也不怕。这一切，都根源于中国人对维护中国文明历史连续性的高度自信，在这个意义上，中华民族的复兴也是中国文明的复兴。

五、继往以开来

正是出于对中国文明的深入理解，基辛格最后提出，[53] 未来的中美关系应该避免20世纪英德式的对抗，中美之间应以和为贵，合作共建太平洋共同体。但是，正如大西洋共同体是以美国的国家利益为主导一样，所谓太平洋共同体当然也是以美国为主导的，即所谓中美共治的太平洋共同体，实际上是美国主导、中国配合的主从关系结构。在此，基辛格似乎忘记了他本人的警言，忽略了中国人长期以来所坚持的自成一体、自成体系。在某种意义上，20世纪的英德对抗的确与21世纪可能出现的中美对抗有相似之处，即都是在没有强大外部制衡力量下的对抗，并且战略上也有相似之处。但德国与中国不同，19 世纪后半期德意志帝国的建立是一个新生国家的兴起，是一个大陆强国的建立，而非复兴。而 21 世纪的中国屹立于世界舞台，意味着中华民族和中国文明的复兴而非兴起，而且中国也并不总是封闭的大陆强国，它有着广阔的海洋和边陲，以及悠久的对外交往历史。还有一个历史事实也被基辛格忽略了，自苏联解体以来，中国再也不会遭遇以相互威胁为基础的均势格局，因此，以欧洲均势外交为蓝本评判未来的中美关系，在逻辑上无法自洽。尽管战略互信取代战略威慑本身是相当不错的谋划，但如果没有“你端着枪，我也端着枪，脸对脸地站着，可以练胆量”这种武装共处原则为基础，不仅威慑换不来和平，所谓的合作共治更无法确保和平。而断言北大西洋沿岸国家之间不会走向战略对抗，似乎也太过乐观，如果经济衰退长期持续下去，如果债台继续高筑而且不断调高上限，谁知道现行的整个世界体系会不会崩溃？

不过，基辛格的确促使我们更为深入地理解两种独特性、两种普世观和两种世界秩序观，同时也包括内外有别的两个中国与两个美国。这两种体系都有自己的连续性，中国的连续性比美国更长，美国常常需要把自己的历史、文化、语言、体制渊源引向三千年前的古希腊、古罗马乃至整个西方。对于任何具有文化自信和文明自觉的国家而言，自外于世界不等于自绝于世界，没有对自身文明的高度自信就不可能建立相对于外部世界的光荣自立，没有对自身文明的高度自信同样也不可能自主地接触外部世界。中国与美国，一个是文明天命观，一个是宗教天命观；一个是中国中心论的文化价值观，一个是上帝选民式的宗教价值观；一个的独特性以文化为实质，一个的独特性以实力为实质；一个是围棋战略，一个是象棋战略；一个是进攻型心理威慑，一个是先发制人武力征服、围堵、遏制；一个是天下体系，一个是霸权体系。

中美之间的差异告诉我们，普遍与特殊互为因果。一切都那么熟悉，一切又这么陌生。两种例外论、两种普世观、两种世界秩序，可不就是这么回事嘛！“熟悉的”是美国例外论、扩张性的美国普世观、帝国-霸权体系，“陌生的”是中国例外论、内敛性的文化普世观、天下-朝贡体系。“熟悉的”是作为美国乃至欧洲普世观和世界秩序观基础的扩张性宗教价值观，“陌生的”是这种宗教价值观的扩张边界。“熟悉的”是作为中国文化普世观和世界秩序观基础的内敛性的中国文明中心论，“陌生的”是中国文明中心论的历史连续性。“熟悉的”是世界、美国，“陌生的”是周边、中国。基辛格似乎为我们描绘了一个我们也不认识的中国，断裂变成了连续，边缘变成了中心，碎片变成了整合，历史如此浓妆艳抹，但自信从未随风而逝。在今天的中国，对今天的中国人而言，理解中国已经变得比理解西方更为重要，理解中国与世界的过去和理解中国与世界的现在同等重要，不理解过去就无法塑造未来，回望历史是为了更好地开辟未来。基辛格呼吁美国人、西方人正视中国文明的历史连续性、中国独特性、内敛性文化普世观和世界秩序观的政治与文化根源，正视中国文明的自成一体、自成体系，正视中国人对自身文明的高度自觉、高度自信，以及维护文明连续性的坚定意志，或许是其《论中国》之于世界的最大贡献，很明显，这一点同样值得我们自身正视、慎思、明辨。

注释

〔1〕［美］亨利·基辛格：《论中国》，胡利平等译，北京：中信出版社2012年版。

〔2〕［美］亨利·基辛格：《论中国》，序、第6-14页。

〔3〕［美］亨利·基辛格：《论中国》，第7页。

〔4〕［美］亨利·基辛格：《论中国》，第1-3页。

〔5〕柯小刚：《儒法关系与人民共和的古代历史渊源》，载《政治与法律评论》2010年卷，北京大学出版社2010年版，第24-42页。

〔6〕Lucian W. Pye, *The Spirit of Chinese Politics*. Camridge, MS: Harvard University Press, 1992, p. 235.

〔7〕［美］亨利·基辛格：《论中国》，第6、50-53页。

〔8〕［美］亨利·基辛格：《论中国》，第9-12页。

〔9〕［美］亨利·基辛格：《论中国》，第3-4、15-18、63页。

〔10〕［美］亨利·基辛格：《论中国》，序、第7、9、13-14、25-26页。

〔11〕［美］亨利·基辛格：《论中国》，第4-7页。

〔12〕［美］亨利·基辛格：《论中国》，第13页。

〔13〕［美］亨利·基辛格：《论中国》，第15页。

〔14〕［美］亨利·基辛格：《论中国》，第12-13页。

〔15〕约瑟夫·奈认为均势不是维持和平的体系，而是维持独立的体系，维系欧洲各国的是无政府的国际体系。参见《理解国际冲突：理论

与历史》，张小明译，上海人民出版社2002年版，第88页。

〔16〕郑世平:《中国国际关系研究的现状和困境》，载《华人社会政治学本土化研究的理论与实践》，朱云汉、王绍光、赵全胜编，中国台湾：桂冠图书2002年版。

〔17〕［美］罗伯特·卡根:《天堂与实力——世界新秩序下的美国与欧洲》，肖蓉、魏红霞译，北京：新华出版社2004年版。

〔18〕赵晓力:《美国人来自火星，欧洲人来自金星?》，载《书城》2005年第3期，第39–42页。

〔19〕［美］亨利·基辛格:《论中国》，第4–15页。

〔20〕［美］亨利·基辛格:《论中国》，第27–53页。

〔21〕［美］亨利·基辛格:《论中国》，第50–51页。

〔22〕［美］亨利·基辛格:《论中国》，第52–70页。

〔23〕［美］邹谠:《美国在中国的失败（1941–1950）》，王宁、周先进译，上海人民出版社2012年版；及亨利·基辛格:《论中国》，第92页。

〔24〕［美］亨利·基辛格:《论中国》，第93页。

〔25〕［美］亨利·基辛格:《论中国》，第111页。

〔26〕［美］亨利·基辛格:《论中国》，第122–124页。

〔27〕［美］亨利·基辛格:《论中国》，第139页。

〔28〕［美］亨利·基辛格:《论中国》，第157页。

〔29〕中国例外论在不同时期有不同的表现，但共性大于差异。参见张锋:《“中国例外论”刍议》，载《世界经济与政治》2012年3期，第82–104页。

〔30〕［美］亨利·基辛格:《论中国》，第89页。

〔31〕［美］亨利·基辛格:《论中国》，第88页。

〔32〕时殷弘:《当代中国的对外战略思想——意识形态、根本战略、

当今挑战和中国特性》，载《世界经济与政治》2009年第9期；时殷弘：《武装的中国：千年战略传统及其外交意蕴》，载《世界经济与政治》2011年第6期。

〔33〕文化共处依赖武装共处，这是毛泽东的战略思想。参见亨利·基辛格：《论中国》，第174-194页。

〔34〕［美］亨利·基辛格：《论中国》，第97-101页。

〔35〕［美］亨利·基辛格：《论中国》，第287页。

〔36〕［美］亨利·基辛格：《论中国》，第204-205页。

〔37〕［美］亨利·基辛格：《论中国》，第141-157、221页。

〔38〕［美］亨利·基辛格：《论中国》，第94-95页。

〔39〕［美］亨利·基辛格：《论中国》，第274-289页。

〔40〕［美］亨利·基辛格：《论中国》，第277-281页。

〔41〕［美］亨利·基辛格：《论中国》，第387页。

〔42〕［美］亨利·基辛格：《论中国》，第372页。

〔43〕［美］亨利·基辛格：《论中国》，第336-372页。

〔44〕［美］亨利·基辛格：《论中国》，第180-184页。

〔45〕［美］亨利·基辛格：《论中国》，第316页。

〔46〕［美］亨利·基辛格：《论中国》，第393页。

〔47〕［美］亨利·基辛格：《论中国》，第436页。

〔48〕［美］亨利·基辛格：《论中国》，第388页。

〔49〕［美］亨利·基辛格：《论中国》，第430-431页。

〔50〕［美］亨利·基辛格：《论中国》，第444-447页。

〔51〕［美］亨利·基辛格：《论中国》，第489页。

〔52〕［美］亨利·基辛格：《论中国》，第240页。

〔53〕［美］亨利·基辛格：《论中国》，第502-518页。

第二章

中国应建立文明导向的世界秩序观

随着中国在经济复兴道路上阔步向前，当今中国已经是世界最大的贸易国，全球大多数国家的最大贸易伙伴，世界最大的能源消费国、石油进口国，也很可能在短期内成为世界最大的经济体。中国的经济体量在当代世界已经举足轻重，但问题也接踵而至，如何从“不挨打”“不挨饿”走向“不挨骂”，如何避免新兴大国与守成大国之间的“修昔底德陷阱”，以及如何建构与中国经济地位相适应的新世界秩序观，都愈发值得追问。

这促使国际关系学界开始从中国视角出发来讨论“共生型”的国际体系。“国际共生体系论”〔1〕把“费孝通规则”作为“共生体系”的内在价值，并主张采取包容式改进、结伴互信、国际行政合作等短期策略。“东亚共生体系论”〔2〕把“东亚共生体系”界定为多中心、交叉重叠的体系，主张用它来取代“朝贡体系”、“天朝礼治体系”和“中华世界秩序”等说法，让地区内各国各安其位。但是，两种体系论的问题意识、核心概念和基本假设都显示出对于“力量”

“国力”“交换”的极大偏爱，这种“利益导向的世界秩序观”彰显了现实主义在国际关系研究领域挥之不去的强大影响力，同时也很可能妨碍人们去思考如何建构更具普遍性和可行性的世界秩序观。

一、“利益导向的世界秩序观”的内在困境

利益导向的世界秩序观在方法论上很容易形成线性思维。既然世界秩序的关键在于利益，那就只关注利益的累积、实力的增强好了，从而导致对共时性比较的偏爱和对历时性比较的忽视。“国际共生体系论”就重在通过中西比较进行理论建构，这种建构寄望于一场换位思考式的头脑风暴，但其所依据的中西经验可能并不平衡；而“东亚共生体系论”虽是通过历史比较进行观念重构，却忽视了东亚共生体系的创生期，在很大程度上把“重构传统”变成了“解构传统”。比如“东亚共生体系论”所用的例证绝大部分为明清时期，忽视了汉唐气象，现代对明清时期的中西比较已经带有浓重的西方视角，而汉唐时期又恰恰是共生秩序的创生期。

义利文野，大国兴衰、小国命运，地缘政治、国际体系、世界秩序，谁主沉浮？在这个问题上，国际关系的理论分野相当清晰，源于博丹的主权理论，源于霍布斯的国际无政府状态论，源于卢梭的国际势力均衡论，源于克劳塞维茨的国际冲突论，源于黑格尔的国家中心论，都把更多砝码放

在了国家利益、国家实力一边；与之形成鲜明对比的是，源于康德的和平理性主义和世界政府论，则站在文明、文化一边。

丘吉尔曾引述过的经典名言“国与国之间没有永恒的朋友，只有永恒的利益”，几乎成了地缘政治、国际关系与世界秩序观念的“利益统治铁律”。修昔底德把“利益一致”视为国与国之间或个人之间最牢靠的纽带。各国利益一致，就有了共同利益，而共同利益又以各国各自的利益为基础，一旦利益不再一致乃至产生冲突，合作共赢也就不可持续，世界秩序也就再次进入黑暗森林状态，敌我逻辑再次显灵，各国就像一个个猎手，手里拿着枪，躲在树后，一旦对方愚蠢犯错，随时给以致命一击。

2008年美国金融危机爆发之后，原来的发达国家希望与新兴经济体谋求合作、分担风险，建立了以二十国集团峰会为框架的多边合作与协调机制，各国联手实施的宏观经济刺激政策总体上产生了明显效果。但是，一旦面对涉及国家利益的具体问题，许多分歧就变得难以调和，并导致国家间的冲突。危机爆发后，一些欧美国家相继推出出于保护主义的货币和贸易政策，这种“转嫁”危机的行为正是国家利益至上的体现。[3]

大国是世界秩序的支柱，而大国之间的利益很难达成一致，永恒的利益也就变成了永恒的黑暗森林法则，这是利益导向的世界秩序观的最大困境。同甘易、共苦难，彼此关系靠利益维持，吃肉喝汤人各有分，皆大欢喜，一旦需要流汗、流血乃至剔骨割肉，有序也就必然走向无序。

现实主义是这个困境的第一个产物。民族国家对各自主权利益最大化的谋求，导致无法产生一个超国家实体，无法产生一个世界政府，构成国际体系的单位仍然是国家。国家体系中的这种无政府状态，使得每个国家在与另一个国家发生争端时，都努力实现自身的利益和目标，并且要根据自身情况做出判断，采取行动。《威斯特伐利亚和约》所建构的欧洲均势体系，创造了主权这一国际法概念体系，来阻止欧洲国家之间的冲突与战争，但实际上却并未真正保障和平，一旦出现利益纠葛，国家之间的角逐就开始无视甚至践踏国家主权平等、互不侵犯的基本原则。即便联合国这样的国际组织也是大国博弈的产物，冷战时代的美苏两大霸权，后冷战时代的美国独霸，都没有真正把第二次世界大战后的国际法体系当回事。

过去一百年来，国际体系沧桑巨变。一百年前，第一次世界大战爆发，《威斯特伐利亚和约》所建构的西方世界势力均衡体系宣告终结。七十余年前，第二次世界大战结束不久，社会主义与资本主义的意识形态、经济与政治冷战铁幕缓缓开启，将整个世界置入“霍布斯状态”五十年。三十年前，苏东剧变宣告冷战结束，同时也让西方世界进入“历史终结论”的浪漫十年。近二十年前，“9·11”事件的爆发，让美国大张旗鼓地挑起了基督教文明与伊斯兰文明之间的原教旨主义冲突，“文明冲突”的残酷现实已经在很大程度上再次将世界打回无政府主义的原形。只要民族国家存在，国家利益就不会消失。“国家追逐财富，因为财富是实力的绝对基本要素；国家谋求实力，因为实力是获取财富的最可靠手段。”[4] 国家对各自利益的追求远高于对国际公益的需求，利益的永恒性并不能给世界带来秩序。

国际关系理论研究中的自由主义流派也比较“现实”。虽然说随着科技的进步和社会、经济的跨国交往，国际相互依赖达到了前所未有的程度，以国家为中心的传统研究范式在变化中的世界政治格局中或许有些力不从心，但这并不意味国家利益诉求的弱化，也不意味着国际冲突的消失。在相互依赖的共生体系中，如何处理相互依赖的非对称性，特别是一些国家的脆弱性，以及利益分配的不平等性，都是利益导向的共生体系绕不开的症结。这些问题处理不好，这种共生也只可能是寄生型的共生。殖民主义、早期资本主义和国家干预的资本主义生产方式主导的世界体系，以及后期资本主义主导的全球化，都是利益导向的共生体系的变体。依附者、主导者分布在利益链条的各个环节，弱肉强食、优胜劣汰，也许是当今世界最为残酷的现实，但它却丝毫不能为其自身提供正当性，而必须依赖其他整合或控制机制来谋取认同。纵观历史，很显然，谋求合作的往往是弱者，偏爱冲突的则多是强者。共生不应仅仅是利益的共生，更重要的是文明的共生。用经济吸纳政治，还是用文明、文化统摄经济，不讲清楚这一点，共生与依附和全球化的本质就无法区别开来。没有发挥统摄、凝聚、黏合功能的文化制度，亦即没有文明性的因素和力量，共生也没有前途，因为它很可能名为共生实为殖民，重蹈西方殖民主义的老路，乃至霸权主义的邪路。

在这一问题上，建构主义似乎提供了更为有效的解题之道。建构主义流派认为，国际社会不只是个物质的世界，还是一个观念的世界，国际社会中的能动者（agency）通过对外部世界的解释和理解，通过社会建构，影响着国家行为和国际关系。与之相应，国际结构也非物质现象，而是观念现象，它是国际社会的能动者通过共同理解、学习和互动建构出来的共有观念，而国家利益就是由国家间的共同观念所建构的。行为体的行为由利益决定，利益却是由行为体的身份与认同来界定的，利益依赖于认同，认同是社会互动与社会承认的结果。认同不同，利益也就不同。认同不同，就会引起国家利益冲突，进而国家行为及其结果也不同。[5] 当主体间缺乏共同观念，人们倾向于对对方的动机和意图作最坏的估计，对各自利益的追求会变得急功近利，其结果很可能是零和博弈；但当行为体之间具有共有观念时，它们会产生高度的相互信任，即便存在利益冲突，他们也很可能通过让渡利益达成共赢。因此，可以说，国际生活的特征取决于国家间相互存在什么样的信念和期望。

因此，这种剔除冲突和对抗以及寄生和依附因素的国际共生体系，首先需要国际关系主体借鉴人类文明的优秀成果，诸如孔子、孟子、老子、庄子等中国圣贤，又或是霍布斯、洛克、康德等西方哲人的思想，建构出一种共同观念，在国际社会中探求某种相对永恒的公意，进而发展出国际社会中的公共利益，并界定这些全球公共产品的供给责任，从而达至抑制民族国家私利的目标。毕竟，现代民族国家的国际合法性越来越取决于其向国际社会供给全球公共产品的意愿和能力。从这个角度来说，文明导向的世界秩序观优于利益导向的世界秩序观。

二、重建文明导向的世界秩序观

利益导向当然非常重要，但如果没有文明因素的论证系统，世界秩序观就很容易被污名化，也就很难在世界秩序的重构进程中掌握主动权。这里的文明可以有多种选择，但只有“中国的文明”既具有历时性又具有共时性。迄今为止，在人类各个原生文明中，中国文明的历史延续性是独一无二的，正如汤因比在《展望二十一世纪》中所言，只有拥有从未断绝的悠久历史和强大生命力的中国文明，才有可能为狭隘的民族国家之间的纷争提供优良的解决方案。[6] 因此，充分的文化自信和文明自觉，可以说是中国探寻新世界秩序观的必要前提。

对于“中国的”世界秩序观的建构或重建，尤其需要这种理论、制度、道路和文化自信，把人类历史上从未断绝的“中国文明”带回来，区分以力服人、以利服人、以理服人、以义服人，重心不能只放在实力、力量、利益这些过于现实主义的议题上。在位阶上，力与利为用，理与义为本。这当然不是说利益议题不重要，而是说它们都是建构世界秩序观必不可少的条件，但仅此无法谋求意欲建构的世界秩序的正当性。在人类历史长河中，形成中国文明独一无二的生命力源泉和辐射四方的影响力的，绝不仅仅是以力服人、以利服人、以贸易利人，而是以理服人、以义服人，讲究的是天下关怀，德怀远服。正所谓“以义取之，以德守之”“以力取之，以法守之，本末不得，故亡。夫文犹可长用，而武难久行之。”[7]

连续性是中国文明的首要独特性，也是基辛格论述中国文明的独特性及其与西方世界秩序观遭遇的起点。[8] 他认为，中国文明具有其他文明无法比拟的连续性，中国人对此具有高度的文明自觉，坚信可以克服一切艰难险阻延续中国文明；中国之所以成其为中国，是因为中国的政治文明高度成熟；中国文明之所以成其为中国文明，还在于它自成一体，不仅内部语言、文化、社会和政治体制自成体系，而且天下一统、皇帝威加海内、君临天下、以夷攻夷、远交近攻等对外战略也自成一体。[9]

白鲁恂有句历久弥新的名言：“中国不是一个（西方意义上的）民族国家，而是一个佯装成民族国家的文明”。[10] 中国的文明性和中国对文明导向的世界秩序的追求由来已久。

春秋战国时期，周王室衰微，无力统领天下，礼乐征伐不自天子出，五国争霸、三家分晋、战国争雄，国与国之间合纵连横，力量格局犬牙交错，彼此关系错综复杂，俨然是现代国际关系的预演。然而，正是在这个大争之世，百家争鸣、百花齐放，对于文明导向的世界秩序做出了非常有创造性地探索，集中表现为围绕天下秩序所展开的王霸、儒法“义利之辩”，对于义利孰轻孰重、各自内涵、优先次序及其内外政策效果，开启了激烈的“古今之争”。所谓天下秩序并不是某种高蹈的修辞妙言，其实质是“一种可行关系的普遍化”，[11] 即在如何从混乱无序走向有序善治这个问题上，探讨什么是普遍化的国际关系，什么是可行的国际关系，如何确立可以普遍化的可行关系。

具体来说，墨家主张“尚利贵义”“义利天下”“兴天下之利，除天下之害”。道家主张“以天下观天下”。儒家主张“天下者，非一人之天下，乃天下之天下也”，得天下民心者得天下，谁能实现天下大治，谁就能得天下民心。

秦统一中国，不仅结束了春秋战国的天下大乱，更开创了一整套包括郡县制、中央集权制、政令、文字、度量衡、生产与交通基础设施标准化、社会风俗文明化、社会规则法制化等改革措施在内的成熟的政治文明框架。

及至汉武帝、汉宣帝彻底击败匈奴以来，中国真正形成了以中国文明为中心的“天下体系”。在天下体系中，中国处于政治文明等级的最高点，是世界的中心，邻国绝大多数都是向中国朝贡的藩属国，都在不同程度上以中国文明为典范，主动接受中国文明的教化，长期沿用中国的语言、文字、文化、仪礼、风俗、建筑风格等等，从而成为中国文明的变体，否则就没有政治上的正当性。

琉球通过接受明太祖册封，“始通中国，以开人文维新之基”。日本通过“大化革新”学习唐朝的政治文明，又在奈良时代引入“天皇”、“均田制”和佛教，室町幕府时代接受了明朝的册封并与中国建立了朝贡关系，等等。自9世纪开始，中国的范围大大扩展，包括了“内陆中国”、“边疆中国”和“四夷番邦”三个部分。[12] 在宗属体系内，中国采取“王者不治夷狄，来者不拒，去者不追”的战略，不干预朝贡国的内部事务，也不驻军、不征税，但在朝贡国面临外敌入侵或国内严重动乱时，中国也会出兵干预。朝贡国之间的纷争，也常请中国协调解决。[13] 当然，还有一个非常重要的原则，那就是宗属国之间利益互惠与发展成就共享，这在很大程度上体现了宗主国的“薄来厚往”，唯此方可呈现“四夷来朝”的升平局面。

到了清末民初，出现了“三千年未有之大变局”，在国际关系和世界秩序观上体现为从王道礼义变成了西方播撒的“强权即公理”，中国的藩属国、朝贡国变成了西方的殖民地，地缘政治的危机导致了清末政府全面的内外困局。[14] 当然，这种困局与18世纪后期中国单求农业经济发展，忽视科技文化创新与国家凝聚力建设不无关系。

新中国之所以能够走出这一困局，一方面离不开国际政治经济结构的调整，另一方面可以说文化复兴在其中起到了关键性的作用，这一复兴所体现的正是“文化中国”“能够不断开创凝聚世道人心、社会和谐的制度形式”的本质。以中国共产党领导的土地革命为标志的社会革命，极大地调动了人力资源，发挥了强大的凝聚力，新中国的诞生更是令中国摆脱了过去一个世纪被动挨打的局面。而中国的先进分子在近代亡国灭种的危难关头，正是基于中华文明的天下事业与人类关怀的内在机理，矢志不移地追求救亡图存、富民强国。

三、探寻可普遍化并具有高度正当性的世界秩序观

在中国日益走近世界舞台中央的新形势下，尤其需要创造出“既属于中国又属于世界的公共物品”。文明导向的世界秩序观之所以具有可普遍化的高度正当性，正是因为它可以供给既属于中国又属于世界的公共物品。

赵汀阳先生正是在这个意义上讨论中国文明对于人类社会的贡献，中国文明的文明性源于其在政治科学和政治哲学上提供了具有普遍性和可传递性的政治制度。他指出，民心向背是正当性的最高标准，西方哲学认为自由符合民心，中国哲学发现了同样重要的能够实现人民的利益和幸福的必要条件，即“治”，也就是秩序。“没有秩序就没有社会，也没有条件开展各种可能的生活，自由也就成为画饼。因此，中国哲学总是以‘治/乱’分析模式去判断一个制度的有效性和合法性。”[15]

事实上，西方人中那些坦率敏锐的政治思想家也终于看到了这一点，最突出的就是亨廷顿的经典名句：“国与国之间最重要的差异，不在于政府的形式，而在于治理的水

平。"[16] 而西方古典哲人柏拉图也把掌握"政治的"知识、技艺和德性的王者对城邦的良治视为正当政体的实质标准。[17]

所谓"民心即天心""得民心者得天下"，民心向背决定正当性归属，决定天下兴衰，这也正是文明导向的世界秩序观的基本价值原则。秦皇汉武，唐宗宋祖，(明）成（清）康雍乾，各领风骚数百年。因此，钱穆先生在总结中国历代政治得失之际，才大胆地说，"只有中国人"才可以说"整个西方在政治经验上都还比较短浅""中国政治比西方先进，这是历史事实，不是民族夸大"。他接着批评说，"今天我们要反对中国自己的传统，想要抹杀我们自己的两千年历史，但历史已然成为历史了，如何能一笔抹杀呢?"[18]

因此，为了实现中国经济、政治、文明的全面复兴，我们需要从思想、理论、制度与道路上秉持文化自信、文明自觉，多从连续、会通而非断裂、分割的角度思考问题。如何汲取传统义利观之辩的经验教训、继承发扬社会主义和国际主义的道义遗产、创造既属于中国又属于世界的公共物品，这些需要深思熟虑的长远战略问题的解决程度，将决定我们能否重建文明导向的世界秩序观，也决定着中国对于人类社会的贡献大小。

注释

〔1〕苏长和:《共生型国际体系的可能——在一个多极世界中如何构建新型大国关系》，载《世界经济与政治》2013 年第 9 期，第 4-22 页。

〔2〕任晓:《论东亚“共生体系”原理——对外关系思想和制度研究之一》，载《世界经济与政治》2013年第7期，第4-22页。

〔3〕王东:《国际协调与博弈并存的“后金融危机时期”》，载《当代世界》2010年第8期，第28-30页。

〔4〕陈剑锋、倪世雄:《国家利益与国际一体化》，载《国际观察》1998年第2期，第8-11页。

〔5〕温丽娟:《略论建构主义国际关系理论的学理基础与基本理念》，载《学术交流》2010年第1期，第37-40页。

〔6〕[英]汤因比、[日]池田大作:《展望二十一世纪：汤因比与池田大作对话录》，荀春生等译，北京：国际文化出版公司1985年版。

〔7〕桓宽:《盐铁论》，王利器校注，北京：中华书局1992年版，第四十九篇。

〔8〕[美]亨利·基辛格:《论中国》，胡利平等译，北京：中信出版社2012年版，第1-26页。

〔9〕[美]亨利·基辛格:《论中国》，第27-140页。

〔10〕Lucian W. Pye, *The Spirit of Chinese Politics*, Cambridge, MS: Harvard University Press, 1992, p. 235.

〔11〕赵汀阳:《天下体系：世界制度哲学导论》，北京：中国人民大学出版社2011年版，第1-73页。

〔12〕韩毓海:《天下：包容四夷的中国》，北京：九州出版社2012年版，第125页。

〔13〕孙力舟:《从钓鱼岛看国际秩序的衍变》，载《观察者网》，http: //www. guancha. cn/SunLiZhou/2012_ 10_ 31_ 145305. shtml。

〔14〕韩毓海:《天下：包容四夷的中国》，第59页。

〔15〕赵汀阳:《天下体系：世界制度哲学导论》，第17-22页。

〔16〕Samuel P. Huntington, *Political Order in Changing Societies*, Yale

University Press, 2006: 1.

〔17〕[古希腊] 柏拉图:《政治家》, 洪涛译, 上海人民出版社 2006 年版。

〔18〕钱穆:《中国历代政治得失》, 北京: 生活·读书·新知三联书店 2001 年版, 第 170-178 页。

第三章

义利之辩与经略周边之道

2013年首次召开的周边外交专题座谈会，不仅确立了中国周边外交的基本方针——“坚持与邻为善、以邻为伴，坚持睦邻、安邻、富邻，突出体现亲、诚、惠、容的理念”，还强调了适用性更强的外交政策理念——“胸中要装着国内国际两个大局……坚持正确义利观，有原则、讲情谊、讲道义，多向发展中国家提供力所能及的帮助”。理念指引方向，实践需要理论的支撑，却又往往走在理论的前面。在当下，思考何为正确的义利观，对于周边外交乃至整个外交政策都十分必要。

桓宽所著的《盐铁论》堪称理解传统中国周边外交的绝佳入口：盐铁会议不仅仅是一次中央经济会议，它不只关注盐、铁、酒榷、均输等财经问题；还是一次中央战略会议，内政无法与外交决然分割，财政深度嵌入治理，以及更为深远的，也就是汉武帝之后的政策走向，这些方面又都体现为贤良文学与御史大夫之间的义利之辩。

汉高祖刘邦以“暴秦论”凝聚人心，却又承继了秦所开创的天下大一统，不仅自觉承继了这一道义正当性，还主动延续了秦朝政制，灭秦而用秦法。当然，汉高祖最初并不是全盘接受，也因此付出了沉重的代价，不同之处主要有两点：一是治国理念，二是国家体制。在治国理念上，汉高祖、吕后、文帝、景帝直至汉武帝初期，皆推崇“无为无不为”的黄老学说，以休养生息、轻徭薄赋、勤俭节约、宽刑简政、和亲止战为政策主轴。“政不出房户，天下晏然。刑罚罕用，罪人是希。民务稼穑，衣食滋殖。”在国家体制上，汉初推翻了秦朝的郡县制，郡县制与封建制并行，先有异姓王，后有同姓王，后来都成为汉初朝廷大患。直至武帝亲政之后，一改无为之治：对内取消封建制，全面恢复秦之郡县制；对外结束和亲，改为兴兵讨伐匈奴，安定边境。武帝去世前，立刘弗陵为储君，赐《周公负成王朝诸侯图》给霍光，封霍光为大司马大将军，与金日磾、上官桀、桑弘羊共同辅佐年仅八岁的弗陵，这就是汉昭帝。

盐铁会议召开于汉昭帝始元六年，此时距汉武帝去世已六年，但昭帝只是个十二岁的懵懂少年，政策走向问题显然已经超出其能力范围，一应国是要务皆由大司马大将军、首席辅政大臣霍光主持。霍光想恢复文景无为之治，为此特意选拔召集了贤良文学六十余人，与主张秉持武帝大政方略的御史大夫等一批能臣干吏展开廷辩，内政外交、国家治道、王天下之道皆为辩题，后世常常将双方论点概述为王霸、儒法之辨。

王霸、儒法之辩，就是传统中国的义利观之争。儒家事事称王道，主张“法先王”“为君者法三王，为相者法周公，为术者法孔子，此百世不易之道也”[1]。法家以申韩商鞅为师，声言“三代不同礼而王，五霸不同法而霸”[2]。在历史悠久、文明粲然的古代中国，儒家所主张的仁政德教长期居于主导地位，但成就其支配国家意识形态地位的，在政治实践层面却是表面看来力行霸道的汉武帝。但他在政治理念层面也并不主张儒家与法家的判然两立，而是儒法并用、外儒内法、儒表法里、王霸杂糅。义利观决定治道，治道决定治式，内政、外交政策莫不以此为主线。[3] 汉宣帝曾就此明言：“汉家自有制度，本以霸王道杂之，奈何纯任德教，用周政乎？且俗儒不达时宜，好是古非今，使人眩于名实，不知所守，何足委任!”。[4] 下文以《盐铁论》中涉及对外政策的篇章为线索[5]，先分别厘清儒法王霸各自为何物[6]，再辨析王霸杂糅之义利观，最后初步探讨“正确的义利观”，以期为当今中国周边外交乃至整个外交战略提供些许镜鉴。

一、儒家义利观：仁政德教不战屈兵

在盐铁会议这场思想与战略的盛筵上，盐铁、酒榷、均输、平准这些财经议题只是“例汤”，儒法、王霸、义利、德力等治道之争才是“正餐”。作为首席辅政大臣，霍光受命于汉武帝，但他代昭帝主持国政时却并没有因循武帝大有为时期的方针，相反，他执行的是“轮台罪己”之后的晚年武帝的政策。《盐铁论》共六十篇，除第五十九、六十两篇为结论以外，每一篇均以文学之言起首，又以文学之言结束，这种结构安排显示了作者桓宽的态度，也体现了霍光的政策偏好。贤良文学所主张的治道，以德教、义礼、农业为本，以实力、利益、工商为末，崇本抑末，德怀远服，内外皆然。

儒家义利观以道德教化王道仁政为轴心，首在节制欲望，用仁义教化而非利益引导百姓，“天子不言多少，诸侯不言利害，大夫不言得丧。畜仁义以风之，广德行以怀之”[7]，让老百姓浸淫在礼仪之中，实现移风易俗文明教化。如果诸侯都去逐利，大夫会变得贪婪，一般士人也会随之道德败坏，普通人更会退化成盗贼，这正是以利引导百姓的恶果。

其次，为了推行德教，国家经济运行应以农业为本，国家财富应以农业生产为来源，重农兴农即为进本退末，张扬儒家治道。因此，奉行王道的人应重本轻末，尊崇农业，排斥工商，工商事涉器物重在是否有用，无关治国根本。务本，就要戒除骄奢淫逸炫耀浮夸，“示人以朴”，让老百姓也务本。经济、社会政策亦应如此。盐、铁、酒榷、均输、平准皆不可行，弊在与民争利，导民逐利，违背善良风俗。[8]

最后，对外政策也不例外，要贵德贱兵。“王者崇礼施德，上仁义贱怪力”。仁义、德教是一种普世价值，不仅用于教化国内百姓，还可以作为价值观外交的内核对外推行，“近者亲附、远者悦服”“远人不服，修文德以来之”“文衰则武胜，德盛则备寡”“王者行仁政，无敌于天下”，不战而屈人之兵。汉武帝废弃德教，推行武力征服和屯边防御，战线太长，粮食供应不足，边境将士饥寒，兵役徭役过重，老百姓也为此劳苦不已，怨声载道，国家财政也不可持续，皆因应对匈奴的政策有误，匈奴是游牧民族，机动性很强，一打就跑，无法迅速彻底击溃，更别提降服了。[9] 春秋战国时期礼乐征伐不自天子出，是因为与天子作对的人多，社稷时有危亡之忧。现在局势不同了，天下一统，政治安定，无须担忧边疆的蛮夷部族，天子不必征伐，而应以德服人，施以恩惠，他们自会归服。[10]

二、法家义利观：教伐有别王霸杂糅

法家义利观与儒家义利观不同。首先，设立盐铁专营、酒榷、均输、平准制度，的确是为了解决国防费用不足问题，但国防是必要之事，绝非不义之举。匈奴长期为祸边境，战略防御和进攻当然会令百姓劳苦，但是，不如此则百姓必遭匈奴侵掠，边地不宁，危害更甚。如果取消盐铁专营，废除酒榷均输平准制度，国家财源不足，边防将士处境不易，也未必就能休养生息。

其次，盐铁专营、酒榷、均输、平准制度有其长期战略价值，而不仅仅是为了短期拓宽财源。全国财力、物力、货殖分布各地，不能自行流通，必须经工商业辅助才能活络，开本末之途，通有无之用，调节工、商、农、财的用度缓急，增加国民财富。一旦取消，就会产生诸多不便，古今圣贤也多循此想方设法便利百姓。中央设置盐铁官，取代郡国诸侯，消除了很多危害国家和百姓的弊端。均输旨在平衡物力，平准是为了防止贱买贵卖、一切以利为导向，让不同职业的百姓恪守本分，这些都是平万物、利百姓的事情，而不是什么百姓犯罪的祸源。[11]

最后，欲有文事，必有武备。[12] 历史经验表明，安抚四方不是靠道德教化，而是靠武力威慑。兵役和边防制度自古就有，如果没有这些制度扶危助困，人们也不会归服。所谓明王之道、道德教化只适用于小地方，不能作为安民富国的根本。明堂、辟雍、制礼、造乐当然很重要，但朝廷向少数部族宣示天朝威仪，使之畏服朝拜，也是必要的。贤臣良相当然也很重要，但这与外敌是否入侵是两码事。天子是天下的天子，有不降服称臣的人，就应该有武备，做好征服的准备。如今，天子在上，匈奴公然为寇，这也违背了仁义，所以应该讨伐不义之徒，防备不仁之人。

三、经略周边的儒法义利之辨

儒家王道主张“修孝文时政”，恢复“无为无不为”的黄老之治；法家霸道主张教伐有别、王霸杂糅，这构成了第二次盐铁会议的主题。具体而言，贤良文学认为，圣王应“见利虑害，见远存近”，安内才能攘外，停止用兵，用厚礼、和亲政策谋求和平，再图礼乐教化。御史大夫认为，攘外才能安内，应保持主动进攻态势，肃清边患，才能长治久安，不能功亏一篑，错失彻底解决匈奴问题的良机。双方就此展开激烈辩论。

御史大夫认为和亲政策已经失灵。大汉立国以来，一直对匈奴友好，匈奴却始终不改其烧杀劫掠本性，不断骚扰边境。因此，对于匈奴这种蛮横部族，无法文德怀柔，只可武力折服，兴义兵、诛暴强正是为了黎民百姓长远利益着想，就像当年黄帝打败蚩尤、汤讨伐桀、武王伐纣一样，不是出于私利，而是为万世度，开疆辟土，救难除害。贤良文学则满怀另一种忧患意识。过去，秦朝也曾南败越人，北胜强胡，却导致百姓困苦、国内溃乱，君主却不体察此民情大局，一味以武力一统天下扩张领土，最终一人揭竿而起，万众呼应，帝国解体。相反，周朝谨小慎微，由弱变强，这就是所谓“殷鉴不远，在夏后之世”。[13]

御史大夫据理反驳。秦、楚、燕、齐都是周的封国，对内富民强国，对外讨伐不义，最终由秦统一天下。“秦既并天下，东绝沛水，并灭朝鲜，南取陆梁，北却胡、狄，西略氐、羌，立帝号，朝四夷。舟车所通，足迹所及，靡不毕至。”秦并吞天下，不是因为其他战国“服其德”，而是“畏其威”。一个国家实力强，诸国来朝；实力弱，就要朝拜他人。贤良文学表示反对：用义礼治理国家，国家的政治正当性永远不会枯竭；用暴力统摄四方，却终将像秦朝那样亡国亡族。虞、舜都是尧的助手，汤、文都是夏商的臣子，他们能够让八方服从，四海朝拜，不是靠广土强力，而是靠王道德教。

御史大夫进一步引申道，中国与边境，就像内脏与四肢，唇亡齿寒，失去手足，整个人就残废了，肢体受伤，心神将不宁。没有边境，内地就会受害。攻打匈奴，初期劳苦百姓，却可保其长远福祉。文学批评道，这并非为社稷长远着想的最好战略，最好的战略当为以德服人。[14]

双方接下来就西域政策展开论辩。文学把朝廷派兵屯驻西域称为国家衰败之源，而且匈奴也并未降服。御史大夫辩称，没有降服的原因是群臣不一心，上下不配合。文学说，大臣应该考虑百姓的疾苦、匈奴的危害，而不应仅仅注重战争，更应遵循圣祖的心意，奠定天下太平的基业。御史大夫说，屯兵西域，使西域各国从匈奴的帮手变成了匈奴的敌人，这是群臣通力合作谋划的结果，停战放弃西域，就会功亏一篑。文学却说，你们的对外政策往往都是不考虑后果的权宜之计，忽视百姓疾苦。只有对入侵者推行文教，以仁义引导，方可杜绝边患。御史大夫当然也不同意：你们这一套以德化之的主张是无法实现的，无备则有患，道德教化也离不开现实力量的支撑。[15]

文学再次展现了对王道仁政的执念。[16] 文学说，天下应以义取之，以德守之。而以利取之，以法守之，是本末倒置。只有文治德教可以长久，武力征服不可持续。“以仁义为阻，道德为塞，贤人为兵，圣人为守，则莫能入”。如此，则中国无狗吠之警，边境无鹿骇狼顾之忧。御史大夫说，治理国家，无论王霸，均应讲究天时、地利。文学说，地利不如人和，武力不如文德，凭借险要的地势阻挡敌人，不如施行仁义去使之归服。

随后，文学祭起了文明教化的大旗：四海之内皆兄弟，世界上没有不可教化的百姓，只要施行仁义，民众就会如影随形般追随。御史大夫反驳道，无征伐而服不义，无城垒而御强暴，自古未见。教化有别，圣王循性而化，不服从的，还是要派兵征服。

御史大夫说，中国才是天下的中心，人才汇集，礼义完备，财富充足，我们攻打匈奴是以智慧攻取愚蠢，以义讨伐不义。匈奴不是一个文明，他们没有护城河，没有粮仓，没有国库，上无义理法律，下无正常秩序，君臣互相欺诈，上下没有礼节，用柳条编造房屋，毛毡做屋顶，内部防守也乏善可陈。但匈奴的这些非文明性在文学那里却都成了优势。文学认为，他们比较朴实，衣食适度，“法约而易辨，求寡而易供。是以刑省而不犯，指麾而令从。嫚于礼而笃于信，略于文而敏于事。故虽无礼义之书，刻骨卷木，百官有以相记，而君臣上下有以相使。”因此，很难将他们彻底赶走。兵者凶器，不可轻用，因为会导致强弱存亡在瞬间转变。御史大夫说，武力攻打匈奴是承继了高祖、文帝、景帝的功业，讨伐不正义，是在发扬高祖的道路，也是圣明君主多年施行仁义的结果。你们却总是拿国家灭亡失掉民心的秦朝作比，肯定匈奴不可战胜。文学则说，战胜后应修礼义，走夏商周之路。胜了却不停战，长此以往，必致国家灭亡。外部没有敌国之忧，自己又不是圣人，就很容易会骄奢淫逸。[17]

四、古为今用：构筑中国社会主义义利观

《盐铁论》用五分之一的篇幅讨论对外政策问题，辩论文治武功、王道霸道、德治法治以及内政外交的关联，核心在于国家的长远发展战略。文学一派主张王道之治，用仁义道德治国理政，建立一个慎用民力、一切以农业为本的简约政治体系。而御史大夫一派认为，仁义道德当然重要，但要区分问题的性质和人的不同品性，对大部分人可以推行文教，而对冥顽不化之人，就要进行征服。对匈奴作战是被迫的，并非主动侵犯，而且是长期战略。

简言之，儒家义利观以义为本，以利为末，主张崇本抑末，德怀远服。法家义利观强调义利并用，文事武备，教伐有别，王霸杂糅，追求长治久安。儒家强调“义以生利”，法家强调“义利并用”。除了儒法的义利之辩，中国政治思想传统中还有墨家的“尚利贵义”“义利天下”“兴天下之利，除天下之害”。在墨家看来，利即“富国家、众人民、治刑政、安社稷”，既包括整体利益和个人利益，也包括经济富足与政治善治，最终目标是通过“兼相爱，交相利”，实现“国家之治、天下之富”。[18]

儒、法、墨的义利争论虽然发生在古代，却具有重要的现代意义。现代的价值观政治与实力政治之别，与古典的义利之辩有颇多相合之处。冷战时期，资本主义阵营与社会主义阵营的对立，首先是价值观的对立，并且以两个国家集团各自的

实力为支撑。实力和价值观并用，并不仅仅用于对外防御，同时也用于在内部凝聚关于国家未来发展方向的共识。

21 世纪以来，随着中国的经济崛起与西方相对实力的下降，西方国家内部出现了对近三四十年来兴起的西方价值理念的质疑和反思，价值观外交的未来走向也有待观察。此时的中国更应该向自己学习。新中国成立以来，中国的外交战略从未完全以利益为导向，而是有原则、有情谊、有道义的。[19] 国际主义、对外无私援助、为受援国建设基础设施、共同发展、互利共赢、构建人类命运共同体，这与贯穿不同时期中国外交战略的义利观一脉相承。

新时期的外交工作将周边外交作为重心，倡导"正确义利观"，把中国的发展与广大亚非拉国家的发展紧密关联，推崇"亲、诚、惠、容"等理念，"亲""诚""容"指向义，"惠"指向利，义利并用，又以义为重。这种义利观倡导共同繁荣、共同发展等理念，更接近墨家的"尚利贵义"。当然，对于义利孰轻孰重、各自内涵、优先次序及其内外政策效果，尚待更多"古今之争"，"正确义利观"的内涵仍有待丰富。

注　释

〔1〕桓宽：《盐铁论》，王利器校注，北京：中华书局 1992 年版，第 568 页。

〔2〕商鞅：《商君书·更法第一》，石磊译注，北京：中华书局 2011 年版，第 5 页。

〔3〕参见时殷弘:《从“朝贡和平”到决战决胜:汉初80年的帝国对外历程》,载《文化纵横》2011年第3期,第120-123页。

〔4〕班固:《汉书·元帝纪》,北京:中华书局1999年版,第195页。

〔5〕桓宽:《盐铁论》,第一篇,第十二篇,第三十七、三十八篇,第四十二至四十八篇,第五十二、五十三篇。

〔6〕中国传统思想中也有“尚利贵义论”,参见黄伟合:《墨子的义利观》,载《中国社会科学》1985年第3期,第115-124页;“义利并行论”,参见商聚德:《传统义利观要义及其改造与转换》,载《中国哲学史》1999年第4期,第84-91页;“义利和合论”,参见陈力祥:《王船山义利观辨正》,载《江淮论坛》2006年第6期,第143-146页。

〔7〕桓宽:《盐铁论》,第2页。

〔8〕桓宽:《盐铁论》,第1-5页。

〔9〕桓宽:《盐铁论》,第542-545页。

〔10〕桓宽:《盐铁论》,第507-508页。

〔11〕桓宽:《盐铁论》,第1-5页。

〔12〕桓宽:《盐铁论》,第507-508页。

〔13〕桓宽:《盐铁论》,第479-481页。

〔14〕桓宽:《盐铁论》,第487-489页。

〔15〕桓宽:《盐铁论》,第499-501页。

〔16〕桓宽:《盐铁论》,第513-514页。

〔17〕桓宽:《盐铁论》,第542-545页。

〔18〕参见黄伟合:《墨子的义利观》,载《中国社会科学》1985年第3期,第115-124页。

〔19〕参见叶自成:《中国传统文化中的义利观与中国外交》,载《国际政治研究》2007年第3期,第24-29页;楚树龙、王青:《传统文化对当代中国外交的影响》,载《世界经济与政治》2007年第12期,第33-41页。

第四章
中国模式的文化折扣

“文化折扣”（cultural discount）一词最初由德国人希尔曼·艾格伯特（Seelmann Eggebert）用来描述保护少数民族语言文化的必要性，加拿大学者科林·霍斯金（Colin Hoskins）将其扩展到传媒经济学，用于测度文化产品跨境交易需要考虑的文化差异，并提出文化折扣较低的文化产品更容易主导国际贸易市场。比如20世纪80年代的美国电视节目，就通过简化信息来追求全球受众的最大化，因为复杂的内容会降低信息传播的国际竞争力。不过文化折扣并不仅限于文化贸易范畴。霍斯金这样界定文化折扣：文化项目的吸引力总是产生于既定环境，在跨文化交流中，这种吸引力会随着所传递的信息与受众文化差距的增大而减少，这一文化差距主要体现在对文化项目所表现的形式、价值观、信仰、制度和行为模式等方面的不认同，结果导致受众既不愿意知道更懒得理解这些信息。[1] 可以说，文化折扣在经济领域表现为贸易入超，在思想领域表现为文化逆差。

中国相对于西方发达国家存在明显的文化折扣现象：

2010年，德国贝塔斯曼集团的年收入，超过中国全国500多家出版社的收入总和；全世界每100本图书，有85本是从发达国家流向不发达国家；全世界每100小时音像制品，有74个小时是从发达国家流向不发达国家；美国生产的电影只占全球影片数量的10%，但其在全世界的观影时间占比却高达50%；整个世界文化市场，美国占43%，欧盟占34%，亚太地区占19%，其中日本10%，韩国占5%，中国和其他亚太国家仅为4%。[2] 北京大学王岳川教授在国家图书馆和北大图书馆所做的调查统计也显示，20世纪中国翻译了西方大约106 800余册著作，而西方翻译中国20世纪的著作仅为几百册。[3] 这种贸易入超和文化逆差共存的升级版文化折扣现象很值得深思。

文化贸易入超是文化逆差的重要前提，但并非充分条件，因此，关注的重心不能只是以影视作品为主的文化贸易。[4] 文化通常可以区分为器物文化、制度文化和思想文化，三者在跨境传播中的文化折扣度不同，器物文化往往是简单清晰的，文化折扣度最低，所以它是多数国家对外传播的主要形式。制度文化不仅仅是消费型的，制度文化对环境机制的要求非常高，产生文化折扣的可能也非常大，“橘生淮南为橘，生于淮北为枳”“强扭的瓜不甜”，全盘移植的外来文化常常会出现水土不服的排异性。思想文化是三者中最复杂也是本土性最强的，思想文化的长期积淀可以从器物中发掘证据，也可以表现为制度文化，讲求的是潜移默化、润物无声，但撼山易，撼人心难，其文化折扣度也是最高的。

中国改革开放四十多年以来，经济取得了巨大的成就，已经超越日本成为全球第二大经济体，以中国模式为核心的“中国研究”成为全世界各国学术、政治和社会各界必不可少的议题。中国模式兼具器物、制度和思想三种文化特征，如何处理其在对外传播中的文化折扣问题，变得尤为重要。究竟是知音寥寥，还是颇有影响？是原汁原味，还是大打折扣？不妨先来一番理性地验证，不急于做出朴素的直观判断。本文旨在以“中国模式”作为国际受众认知中国政治文化的核心概念，主要检验境外学者与大陆学者理解中国模式的异同，以及境外学者对中国模式的肯定、质疑和批判，从而相对深入地剖析中国模式在跨境传播中遭遇的文化折扣现象。

本文选取提供人文、经济、社会、法政类期刊文献的Journal Storage（JSTOR）外文学术期刊数据库，以 China model 或者 Chinese model 或者 China development model 或者 Beijing Consensus 为关键词，在摘要中检索 2004 年以来的“学术期刊论文”，截止到 2015 年底，结果有几百篇。以 2004 年为起点，主要是考虑到，这一年高盛公司高级顾问、清华大学教授乔舒亚·库珀·雷默（Joshua Cooper Ramo）首次提出“北京共识”这一概念。然后，通过对论文题目和摘要内容进行二次筛选，最终获得以中国政治、经济等模式为关键内容的学术论文 73 篇，其中由境外学者（包括我国台湾地区、香港特别行政区的学者以及华裔学者）独立撰写或参与撰写的学术论文达43篇。

这43篇文章中，有约12篇属于中国模式概论（包括概念、历史、与其他模式的比较等）；有15篇讨论了中国模式的具体形式（包括中国式民主、央地关系、政党建设等）；有8篇讨论了中国模式的普适性；另有8篇主要涉及境外学者对中国内政外交的战略总结，以及对中国的社会文化、非政府组织等方面的讨论，对中国模式的参照价值略弱。上述分类也是另外30篇中国大陆学者讨论中国模式的文章的主要类别，故总体而言，可以说这些类别是分析中国模式的核心要素。这些论文集中展现了三大问题：中国模式是什么？中国模式有何问题？中国模式有无普适性？

一、中国模式为何物

中国模式概念的提出，最早可以追溯到2004年5月。是时，雷默在英国伦敦外交政策中心发表了一篇题为“北京共识”的会议文章，认为“两个最无视‘华盛顿共识’的国家——印度和中国——取得了令人瞩目的经济成就，而诸如阿根廷和印度尼西亚等‘华盛顿共识’的忠实追随者却付出了社会和经济代价！”[5] 北京共识有别于华盛顿共识，主要是指中国这个最大的发展中国家的三大运行规则：通过创新减少改革过程中的摩擦损失，注重可持续和平等公正的发展模式，以及通过积聚非对称性力量坚持独立自主的安全原则。[6] 总体而言，这三点是北京共识的重要特征，而非对北京共识本身的明确界定。之后不少中外学者参与了对这个理念的探索，而中国学者则从中国本体出发将其提升为中国模式。

西方媒体试图赋予中国模式一个好记好用便于抨击的简洁形象，即“政治上的威权主义，经济上的市场自由”；或者叫作“政左经右”。《澳大利亚人》报亚太事务编辑罗文凯（Rowan Callick）认为中国模式主要由两大要素构成：自由主义的经济政策和强势政府的政治控制，中国模式就是在经济增长和政治稳定之间，在市场导向的经济和威权国家的政治之间维持一种平衡，从而促使国家在现代化过程中实现经济的持续增长。[7]

境外学术界也有类似认知，但不倾向于做如此简单的归纳，甚至有学者表示这种归纳并不准确。他们倾向于从三个维度来讨论中国模式：纵向上，比如中国模式的历史沿革；[8] 横向上，比如中国模式与其他东亚模式的比较；[9] 断面上，比如单纯谈中国政治制度的合法性[10]、中国式民主的特点（如协商民主[11]、公推直选[12]、精英治理与大众民主的结合[13]）以及中央与地方的互动[14] 等。这些严谨的学术研究表明，要想减少中国模式这种制度文化、思想文化在对外传播中的文化折扣，离不开中外知识分子之间真正的相互理解和平等交流。总体而言，境外学术界对中国模式的共识包括：哲学上的实用主义，渐进主义和反复试错（多篇文章提到“摸着石头过河”与“黑猫白猫论”）；政治上的“威权主义”，精英治理（Political Meritocracy）；融合政府宏观调控的市场经济；以及出口导向的发展模式。

中国大陆学者探讨中国模式的英文文章同样强调历史沿革的纵向角度，但更关注横向的制度问题，讨论多集中于选举制度、央地关系、经济成分等具体层面。就中国大陆学者而言，北京大学潘维教授的观点是具有代表性的。潘教授认为，中国模式就是对人民共和国“成功之路”的理论解释，主要包括三个子模式：“国民”经济，体现中国独特的经济模式，有国家政府的控制，也有人民群众的创新创业和自由流动；“民本”政治，体现中国独特的政治模式，主要包括以民为本的政治理念和为人民服务的政治行动；“社稷”体制，体现中国独特的社会模式，是联通家庭、社区（单位）和国家的精神纽带与社会组织形式。三大模式“三位一体”，构成了独特的中国模式。〔15〕潘教授的梳理是迄今为止关于中国模式最系统的论述，从经济、政治和社会三方面进行了全面总结，故本文将其作为中国模式的典型表述。

相比之下，在本文样本中，境外学者更倾向于认为中国模式是改革开放四十年以来形成的，〔16〕尽管有学者进行历史梳理，但往往把中国模式看作是对改革开放之前毛泽东时代的中国发展状况的否定。〔17〕但中国的工业、农业、科技、国防现代化之路，经济发展的创新与试错之路，社会进步之路，人口的大规模减贫之路，对外的独立自主之路，都是从1949 年新中国成立时就已经开始的。因此，潘维教授强调，中国模式是对人民共和国七十年发展之路的升华。复旦大学郭定平教授则把中国模式称为“中国式社会主义”，尽管他没有明确说明改革开放前后的政策继替，但他认为改革开放政策本身是中国在发展社会主义过程中的调适之举，而在新中国成立后创立、“文革”期间停滞、改革开放后恢复的人民代表大会制度，是中国模式与其他东亚国家的发展模式的重要区别之处。[18] 这些方面体现了大陆学者与境外学者在社会主义历史观上的差异，历史观的差异导致了对中国模式的认知差异：我们倾向于强调自己是社会主义，而有些西方学者则认为中国实为国家资本主义。

其次，潘维教授认为中国模式有经济、政治、社会三个子模式，而境外学者讨论较多的是中国独特的经济模式和政治模式，少有学者涉及社会模式。澳大利亚国立大学的托马斯·克利夫（Tom Cliff）博士，通过对新疆塔里木油田公司的新单位形式“塔指”（塔里木石油勘探开发指挥部有限公司的简称）的调查发现，改革开放之前的单位体制或理念依然存在于改革开放后的中国，即使在倡导自由竞争和个人成就的社会氛围之中，人们还是有希望进入单位体制的强烈意愿。在克利夫博士看来，人们喜欢单位的稳定和福利。[19] 但他可能无法理解中国人通过单位所践行的“家-国-天下”社稷伦理。单位和国家与个体的关系，带有父母子女关系的色彩，这样单位就成为中国人生存和发展的一种归宿。因此，对于境外学者特别是西方学者而言，中国模式的社会子模式的文化折扣度是最高的。但在潘教授看来，这三大模式三位一体，缺一不可，否则就无法理解中国模式的内在实质。这样一来，社会模式也就成为我们对外讲述中国模式的难点所在。不过，“社会模式”与跨文化传播中广泛采用的“个人主义 vs 集体主义”的文化模式契合，如果两相对照，或可减少中国模式在对外传播中的文化折扣。

二、中国模式的问题何在

如同雷默所言，不断创新和试验是中国模式的一大特征，中国模式提供的不是华盛顿共识或“后华盛顿共识”[20]那样的“教义”。不丹皇家大学的玛杰里森（R. K. Marjerison）教授指出，中国模式本身就是动态的，不宜简单以成败论之，而应具体讨论在不同阶段的成功或在某个给定的时间点上的失败。[21] 这些观点都希望说明中国模式是在变动中不断调适的，它不断处理浮现出来的问题。那么，在境外学者眼中，中国模式的主要问题又有哪些？

首当其冲的是所谓中国的“政治威权主义”，核心所向是批判它缺少民主、人权和法制。[22] 因此，如果不进行民主改革和法制建设，中国经济的高速增长必然不可持续，弗朗西斯·福山就是持此观点的典型。[23] 斯蒂芬·哈尔波（Stefan Halper）甚至表示，中国的市场-威权模式虽然提供了高速增长和稳定，但却以牺牲自由民主为代价，所以它是一种威胁，其威胁就在于这种模式竟然在很多国家有市场。[24]

大陆学者非常熟悉这一观点，正如新加坡学者张朱照所言，这一观点其实是一种以市场为导向的新自由主义的盎格鲁–撒克逊教义和以社会为导向的亚洲价值观之间的意识形态之争。[25] 它否定了中国推进政治改革的努力，把民主绝对化、教条化了，而且忽视了中国的现实。

就中国的政治改革而言，已经取得了不少成绩，诸如领导体制的制度化（从体制上确定党内监督和领导人的继替）；努力让政府回应不断增长的多样社会需求（比如实行干部问责制）；公民的宪法权利获得保障；以及中国共产党从“革命型政党”向“治理型政党”的转化（加强党建，严肃党纪，提升政党的先进性）。此外，中国改革也不可能采用已经被证明必然导致巨大经济社会悲剧和政治倒退的休克疗法，它不是一锤子买卖，而是一个慢慢摸索、试验、调适的过程。

就民主而言，在不少学者眼中，民主的标准就是多党自由竞争选举，而像曾经在西方绵延千年、作为民主利器的抽选，在许多国家（包括中国[26]）有着成功实践的协商民主等，都被“选主”的霸权话语所淹没。而“选主”的多数决形式也有着其自身无法解决的问题。[27] 贝淡宁教授认为中国式的政治精英治理一定程度上或可修复选举民主的关键缺陷。他认为，中国已经形成了一种民主的精英治理模式，其分为三个层次：顶层是精英治理，中层是试验创新，底层是直选民主。这种结构在道德上是合意的，在政治上是稳定的。[28]

就中国的现实而言，康奈尔大学的扎克·蒙塔古（Zach Montague）认为不该把中国的经济发展与是否民主挂钩。中国农村是直接民主选举，尽管候选人可能是中国共产党指定的，但也存在一些竞争性的选举（比如蔡文轩等分析的中国基层的公推直选等[29]），所以大约超过一半的中国人已经有渠道来影响政策过程。[30] 同时，根据2003年、2006年的亚洲民主动态调查，中国民众对于经济、人权、公共服务的满意度一直是非常高的。中国的近代史让中国人特别看重国家的独立、政治稳定、社会秩序和经济发展。改革不仅要发展，还要有秩序，这才是中国的民情。[31]

其次，认为中国的发展模式不讲道德、不讲信用。这首先与中国推行的“亲、诚、惠、容”外交理念不相符。持这种观点的学者认为，中国吸引人的是有形的经济和政治利益，而不是无形的道德观念；中国模式强调的实用主义让人们觉得中国把利益放在人权和其他道义之上。[32] 究其实质，此观点其实很大程度上指向的是中国不附加条件的对外援助政策。

不少西方学者认为，中国的这一对外援助政策在非洲并没有发挥好的作用，反而破坏了当地的民主。但也有来自非洲本地的观点与其针锋相对：中国的策略与华盛顿共识不同，中国从没有像世界银行那样，给非洲强加实行新自由主义改革的条件，也不像新自由主义那样要求受援国放松监管、削减社会开支、把一切都私有化、放弃提供公共产品。中国政府主要投资基础设施和公共服务领域，而且在推动南方世界的工业化上远远比西方国家更积极、更主动。[33]

第三，认为改革可能导致贫富分化。这一点是无论支持还是反对中国模式的学者们的共识，也正是中国政府通过一系列发展战略和政策努力避免的。

中国政治文化的核心理念就是“以民为本”，中国共产党代表的是最广大人民的利益，从革命建国再到改革开放，如果离开人民群众，中国共产党寸步难行。因此，不断满足人民群众日益增长的物质文化需求，就成为最重要的政治目标，正因此，可持续和平等公平的发展成为中国模式的一大特征。但是，由于中国东、中、西不同地区的资源禀赋等各种条件不同，导致了各地政治经济发展的不平衡，放大了市场失灵的社会危害，先富起来的人群与后富追赶的人群之间的收入和财富差距拉大，卡尔·波兰尼所说的社会的反向保护诉求日益强烈。境外学者同样非常重视这一点，比如有香港学者就把群体性事件作为中国改革开放的社会成本之一。因此，到了20世纪90年代中期，尤其是以1994年分税制改革为标志，中国开始重新配置中央–地方关系，以加强中央政府的力量，国家强势干预市场，通过再分配政策提高社会保障水平，促进经济增长和社会发展之间的平衡。〔34〕 1999年以来，为了缩小社会不公，降低社会风险，国家着手推行一系列解决地区差距的西部大开发等经济政策，更加注重平等公平的民生政策，以及涉及绝大多数民众福祉的最低生活保障、医疗保障、养老保障、住房保障、工伤保险、失业保险等方面的社会政策。〔35〕

尽管有诸多努力，时至今日，贫富分化依然是个严峻的问题，特别是它与腐败现象相伴而生，很容易刺痛民心。比如2006年亚洲民主动态调查显示，我国民众对政府的满意度较高，但民众对政府在打击腐败、犯罪和解决失业等问题上的态度是比较负面的。[36] 因此，2013年以来，中国政府的强力反腐赢得了广泛的社会支持。

邓小平说过："十二亿人口怎样实现富裕，富裕起来以后财富怎样分配，这都是大问题……分配的问题大得很……分配不公，会导致两极分化，到一定时候问题就会出来。""这个问题要解决"，而"解决这个问题比解决怎样发展起来的问题还困难"。[37] 这是关乎中国政治正当性的根本问题之一。正是在这个意义上，潘维教授才说："国民经济是中国模式的表层，社稷体制是中国模式的核心层，民本政治居于两者之间，是关键层。社稷是民本的源泉。但'民本'政治垮了，'社稷'也会分崩离析。"[38]

三、中国模式是否普适

普适性是中国模式绕不开的话题。中国模式本身就是针对另一个"普适"模式——华盛顿共识提出来的。如果说华盛顿共识已经被证明千疮百孔并不普适，那么如何评估中国模式的普遍适用性？事实上，中国政府和学术界对此一向都非常谨慎。中国政府非洲事务特别代表钟建华曾表示：每个国家的模式都是独一无二的，都有自己的传统和生活方式，我们只能解决我们自己的问题。如果有国家完全复制中国模式，将无法成功。然而，经济快速增长、国家主导市场的中国模式，的确给了发展中国家的政策制定者一个非常不同于华盛顿共识的选择。[39] 国务院发展研究中心研究员丁宁宁则从一个非常宽泛的意义上来讨论中国模式的普适性，他认为，中国在面对资源、环境、人口非常严峻的挑战之下，还能创造出惊人的成就，这条道路给了世界信心，也可以说提供了一种不容忽视的可能性。[40] 显然，两者的观点非常接近。

境外学者对这一问题给出了三种不同的回答：没有普适性；有限普适性；普适性。

第一种回答是中国模式不具有普适性，给出的理由主要是其不民主，谈不上有什么模式以及中国经验有强烈而特殊的本土特性。

就不民主而言，华盛顿共识的重要阐释者约翰·威廉姆森认为，中国的“威权主义”政治模式，只能获得第三世界国家领导人的青睐，却无法赢得其普通民众的支持。[41] 福山附和他的观点说，如果不实行民主改革，中国模式将无法持续，又谈何普适？而非洲国家对中国模式的欢迎，往往被视为是基于功利主义的选择，他们在北京共识和华盛顿共识之间做比较，哪个更容易获利就选哪个，中国不附加条件的援助政策也正符合他们这一意向。[42]

就无模式论而言，有学者认为，所谓中国模式是对中国现实改革经验的不准确的总结，甚至谈不上是一个关于中国经济成功的故事。这一“模式”不仅所基于的中国经验事实是错误的，而且不顾中国与其他国家的相似和差异，扭曲了中国在国际政治中的位置。[43]

就本土性而言，比如鹿特丹伊拉斯姆斯大学社会学国家研究所的皮特·范迪克（Meine Pieter Van Dijk）教授表示，中国模式产自中国，而非洲缺少中国获得成功的诸多前提条件，比如强大的政党、稳定的政府、充足的劳动力以及土地改革等，因此不能复制中国的成功，也就是说，“北京共识”并非“华盛顿共识”的替代模式。[44]

以上观点都有显见的偏颇之处，我们可以在下述有关中国模式的有限普适性和广泛普适性的讨论中找到一些回应。

关于有限普适性这一点，学者们的观点比较一致。中国模式尽管不是西式民主模式，但中国利用自己摸索出来的方法，经济取得了很大的发展（这在很大程度上肯定了中国模式），所以对于那些精英治理的国家，它是具有适用性的。比如约瑟夫·奈（Joseph S. Nye）就认为中国模式尽管在西式民主国家缺乏认受性，但在亚洲、非洲和拉美的发展中国家就具有吸引力。因为中国模式发展了经济同时也稳定了社会，而不稳定常常是民主化的副产品。[45] 雷默也指出，由于不像华盛顿共识那样要求他国通过实行新自由主义政策来谋求经济发展，中国的发展模式对于转型国家和发展中国家更有效，更具实践意义。[46] 威尔士（Briedget Welsh）与张傅贤（Alex Chang）基于亚洲民主动态调查 2010 至 2013 年的数据进行的实证研究也提到，那些与中国有特殊历史渊源的国家，以及较“威权”的国家，其民众更愿意支持中国模式。[47]

最后，认为中国模式具有广泛普适性的人不多，常常是政治家这么看。比如德国前总理施密特表示，中国持续成功地发展不仅是解决中国自身问题的良方，还为西方国家摆脱窘境提供了灵感；以色列前总统佩雷斯说，中国模式对于中东国家解决贫困、失业、欠发达的教育和科技等问题具有很大的启示意义。[48]

有些学者指出，西方的自由民主体制屡屡出现问题。21世纪以来，经历颜色革命的国家的现状就是有力的论据。而中国这种“威权政府和自由市场的结合体”，能有效地组织起民众，并给人民带来繁荣，为什么不能说它比西方模式更合理，甚至更优异呢?[49] 阿里夫·德里克（Arif Dirlik）则提供了一个更宏观的视角：北京共识缺少意识形态的一致性，然而，这正好满足了建构新全球秩序的需要，这种全球秩序的根基“不是会导致霸权主义的均质化普遍主义，而是同时认可共性与差异”。[50]

综上所述，中国模式无论是否普适，都有一定的支持者，相对来说，有限普适是更为主流的观点。有限普适论者尽管认可中国模式，但还是以“普选民主”作为尺子丈量中国的政治制度。如果他们能给民主一个更宽泛的定义，也许就会有不同的论断。不过，正如潘维教授所言，中国模式是对中国发展的成功经验和失败教训的总结，它自然有一定的环境约束，所以无法成为解决所有问题的万能钥匙，但可以给他国带来启迪。

中国的确一直在“摸着石头过河”，不过我们也一直都有一个理想的或不那么理想的“彼岸”作为参照：从革命建国时期的苏联社会主义模式，到改革开放时期西方发达国家的工业化经验，再到21世纪我们基于自身得失所形成的中国道路、中国体制、中国制度，我们一直在摸索、在调适、在打磨，这是中国模式的更大普适性的活力源泉。

四、结语

21世纪以来，中国模式成为全球热议的焦点。从有没有中国模式的争论，到对中国模式进行系统总结，再到对中国模式普适性的追问，这是一个未尽的话题，正如中国模式本身就不是固态的教条一样，它的主题和论题都在向前方无限延伸。就中国模式而言，境内学者也有不同意见，但普遍认为：的确存在一种中国模式。当然可能不是“模式”这个词，或者宽泛一点说，存在一套中国在工业化过程中处理所遇问题的因应方法。这套方法处理的是全方位的问题，它涉及政治、经济、法律、社会结构乃至外交等等，所以北京大学中国与世界研究中心于2008年组织的“人民共和国六十年与中国模式”研讨会邀请了多位不同学科和专业背景的学者与会，从不同的角度、不同的立场共议“中国模式”，这也应该成为我们向世界说明中国模式的思路，也是减少中国模式之文化折扣的有效路径。

中国模式尽管仍需时间和实践的检验，但它本身是个大战略，它的确面对着诸多挑战，尤其是如何在保持自身特殊性的同时扩大普遍性。作为一个探索性的研究，本文从文化折扣切入，希望能在境内外学者的视域中找寻到共识，辨别出差异。这是一个多角度的棱镜，为我们展现出多彩的画面，让我们更好地理解自身、理解他者，从而让不同文明能够更好地交流，并从中建构良性的相互关系，汲取共同发展的前进动力。

注释

〔1〕Colin Hoskins and Rolf Mirus, "Reasons for the US dominance of the international trade in television programmes", *Media, Culture and Society*, Vol. 10, 1988, pp. 499-515.

〔2〕张璐晶：《文化"零头"何时变"巨头"》，载《中国经济周刊》2011年第42期，第16页。

〔3〕王岳川：《东方文化身份与中国立场》，载《东南学术》2005年第1期，第109-116页。

〔4〕比如在中国知网全国中文期刊数据库，以"文化折扣"为主题进行检索，截止到2015年底有105篇论文，其中80余篇讨论我国影视作品如何更好地"走出去"，3篇讨论我国出版业的策略选择，其余文章基本是从跨文化传播和文化创意产业的角度探讨文化折扣问题，即使是这类文章也多以影视作品的跨境传播为论据。

〔5〕黄平、崔之元主编：《中国与全球化：华盛顿共识还是北京共识》，北京：社会科学文献出版社2005年版，第2页。

〔6〕Joshua Cooper Ramo, "The Beijing Consensus", *Foreign Policy Centre*, May 2004, available at: http://fpc.org.uk/fsblob/244.pdf.

〔7〕Rowan Callick, 2007, "The China model", *The American*, November

13, 2007, available at: https: //www. aei. org/articles/the-china-model/.

〔8〕 Suisheng Zhao, "The China Model: can it replace the Western model of modernization", *Journal of Contemporary China*, 19 (65), 2010, pp. 419-436.

〔9〕 Alvin Y. So, "Globalization and transition from neoliberal capitalism to state develpmentalism in China", *International Review of Modern Sociology*, Vol. 33, Special Issue, 2007, pp. 61-76.

〔10〕 Yun-han Chu, "Sources of Regime Legitimacy and the Debate over the Chinese Model", *The China Review*, Vol. 13, No. 1 (Spring), 2013, pp. 1-42.

〔11〕 Beibei Tang, "Deliberating Governance in Chinese Urban Communities", *The China Journal*, No. 73 (January), 2015, pp. 84-107.

〔12〕 Wen-Hsuan Tsai and Peng-Hsiang Kao, "Public Nomination and Direct Election in China: An Adaptive Mechanism for Party Recruitment and Regime Perpetuation", *Asian Survey*, Vol. 52, No. 3 (May/June), 2012, pp. 484-503.

〔13〕 参见清华大学贝淡宁教授的观点。Daniel A. Bell, *The China Model: Political Meritocracy and the Limits of Democracy*, Princeton University Press, 2015.

〔14〕 Haifeng Huang, "Signal left, turn right: Central rhetoric and local reform in China", *Political Research Quarterly*, Vol. 66, No. 2, 2013, pp. 292-305.

〔15〕 潘维教授对中国模式的详细论述，参见潘维、玛雅主编:《人民共和国六十年与中国模式》，北京：生活·读书·新知三联书店 2010 年版，第 3-85 页。

〔16〕 比如 Rob Kim Marjerison, "The China Model-The First Thirty Years and Beyond", Proceedings of Annual Shanghai Business, Economics and Finance Conference 3-4 November 2014, Shanghai University of International Business and Economics, Shanghai, China, pp. 1-7; and Alvin Y. So, 2007, et al.

〔17〕不可否认，也有国外学者比如谢淑丽（Susan Shirk, *The Political Logic of Economic Reform in China*, University of California Press, 1993）、迈斯奈（Maurice Meisner, *The Deng Xiaoping Era：An Inquiry into the Fate of Chinese Socialism*, 1978-1994, New York: Hill and Wang, 1996）等曾指出，毛泽东时代为中国在改革时代所取得的惊人发展奠定了坚实的行政、工业以及社会基础；菲律宾的威尔登·般罗亦曾强调，中国在50年代为消除土地和收入不平等进行的社会革命是诸南亚国家所缺少的（Walden Bello, et al., *A Siamese tragedy: Development & disintegration in Modern Thailand*, Institute for Food and Development Policy/Food First Books, 1999）。他们的研究有助于更好地理解中国模式。

〔18〕Dingping Guo, "The Changing Nature of Chinese Socialism Comparative Perspectives", *European Journal of East Asian Studies*, Vol. 8, No. 1, 2009, pp. 1-29.

〔19〕Tom Cliff, "Post-socialist aspirations in a neo-Danwei", *The China Journal*, No. 73, 2015, pp. 132-157.

〔20〕Barry Sautman and Hairong Yan, "Friends and Interests: China's Distinctive Links with Africa", *African Studies Review*, Vol. 50, No. 3 (Dec.), 2007, pp. 75-114.

〔21〕Rob Kim Marjerison, "The China Model-The First Thirty Years and Beyond", Proceedings of Annual Shanghai Business, Economics and Finance Conference 3-4 November 2014, Shanghai University of International Business and Economics, Shanghai, China, pp. 1-7.

〔22〕Suisheng Zhao, "The China Model: can it replace the Western model of modernization", *Journal of Contemporary China*, 19 (65), 2010, pp. 419-436.

〔23〕 Zach Montague, "Solving China's Economy Isn't a Question of Democracy", *The Diplomat*, 2014, available at http: //thediplomat. com/2014/07/solving-chinas-economy-isnt-a-question-of-democracy/.

〔24〕 Stefan Halper, *The Beijing Consensus: How China's Authoritarian Model Will Dominate the 21st Century*, Basic Books, 2010.

〔25〕 Eric Teo Chu Cheow, "U. S. -China Ideological Rivalry Heats Up", *Japan Times*, January 5, 2006.

〔26〕 参见 Jessica C. Teets 有关中国协商式威权主义(consultative authoritarianism)的观点。Jessica C. Teets, *Civil Society under Authoritarianism: The China Model*, Cambridge University Press, 2014.

〔27〕 当代西方民主理论家对这一困境的深刻反思，参见王绍光主编:《选主批判：对当代西方民主的反思》，欧树军译，北京大学出版社 2014 年版。

〔28〕 Daniel A. Bell, *The China Model: Political Meritocracy and the Limits of Democracy*, Princeton University Press, 2015.

〔29〕 Wen-Hsuan Tsai and Peng-Hsiang Kao, "Public Nomination and Direct Election in China: An Adaptive Mechanism for Party Recruitment and Regime Perpetuation", *Asian Survey*, Vol. 52, No. 3 (May/June), 2012, pp. 484-503.

〔30〕 Zach Montague, "Solving China's Economy Isn't a Question of Democracy", *The Diplomat*, 2014, available at http: //thediplomat. com/2014/07/solving-chinas-economy-isnt-a-question-of-democracy/.

〔31〕 Dingping Guo, "The Changing Nature of Chinese Socialism Comparative Perspectives", *European Journal of East Asian Studies*, Vol. 8, No. 1,

2009, pp. 1-29.

〔32〕 Suisheng Zhao, "The China Model: can it replace the Western model of modernization", *Journal of Contemporary China*, 19 (65), 2010, pp. 419-436.

〔33〕 Barry Sautman and Hairong Yan, "Friends and Interests: China's Distinctive Links with Africa", *African Studies Review*, Vol. 50, No. 3 (Dec.), 2007, pp. 75-114.

〔34〕 Alvin Y. So, "Globalization and transition from neoliberal capitalism to state develpmentalism in China", *International Review of Modern Sociology*, Vol. 33, Special Issue, 2007, pp. 61-76.

〔35〕 参见王绍光:《中国仍然是低福利国家吗?——比较视角下的中国社会保护"新跃进"》,载《人民论坛·学术前沿》2013年第22期。

〔36〕 Dingping Guo, "The Changing Nature of Chinese Socialism Comparative Perspectives", *European Journal of East Asian Studies*, Vol. 8, No. 1, 2009, pp. 1-29.

〔37〕 中共中央文献研究室编:《邓小平年谱》(下),北京:中央文献出版社2007年版,第1364页。

〔38〕 潘维、玛雅主编:《人民共和国六十年与中国模式》,序第17页。

〔39〕 Peter Guest, "Africa Should Not Follow China's Model, Beijing's Ambassador Says", *Forbes*, 2014, available at: http://www.forbes.com/sites/peteguest/2014/05/08/africa-should-not-follow-chinas-model-beijings-ambassador-says/2/.

〔40〕 丁宁宁:《中国道路可能更具有普适意义》,载潘维、玛雅主编:《人民共和国六十年与中国模式》,第208-211页。

〔41〕 John Williamson, "Is the 'Beijing Consensus' Now Dominant?" *A-*

sia Policy, 13, 2012, pp. 1-16.

〔42〕James Mittelman, "Globalization and Development: Learning from Debates in China", *Globalizations*, 3 (3), 2006, pp. 377-391.

〔43〕Scott Kennedy, "The myth of the Beijing Consensus", *Journal of Contemporary China*, 19 (65), 2010, pp. 461-477.

〔44〕Meine Pieter Van Dijk, *The New Presence of China in Africa*, Amsterdam: Amsterdam University Press, 2009.

〔45〕Joseph S. Nye, The rise of China's soft power, *The Wall Street Journal Asia*, 29 December, 2005.

〔46〕Joshua Cooper Ramo, "The Beijing Consensus", *Foreign Policy Centre*, May 2004, available at: http: //fpc. org. uk/fsblob/244. pdf.

〔47〕Bridget Welsh and Alex Chang, "Choosing China: public perceptions of 'China as a model' international images of a rising China", *Journal of Contemporary China*, Vol. 24, Issue 93, 2015, pp. 442-456.

〔48〕Yiwei Wang, "China Model Not Only Develops China but Also Benefits the World", *People's Daily*, 2014, available at: http: //en. theorychina. org/xsqy_ 2477/201412/t20141216_ 315983. shtml.

〔49〕Holly Brown, "Liberal Democracy vs. Authoritarian Development (China etc.) which works better?" *Meetup*, September 10, 2014, available at: http: //www. meetup. com/poliphilo/events/201096132/.

〔50〕Arif Dirlik, "Beijing Consensus: Beijing 'Gongshi.' Who Recognizes Whom and to What End" (Pre-print version), 2006, available at: http: //www. chinaelections. org/uploadfile/200909/20090918025246335. pdf.

第五章
公共外交的“外推”与“内引”

公共外交是一国政府为了提升本国形象，维护本国利益，主要针对他国民众，通过传播、交流、对话等多种形式开展的一种外交活动。其操作方式较有弹性，形式灵活多样，已经越来越成为各国政府的工作重点。

在公共外交的实践过程中，各国都会根据本国特色侧重不同的推进模式。学界对此也有不少探讨。根据一个国家是积极向他国传播本国价值和文化，还是在国内对他国的传播攻势“严防死守”，又或两者兼而有之，可以将公共外交的模式区分为“进攻型”，以美国为例；“进攻-防御型”，以法国为例；“防御-进攻型”，以德国为例；“防御型”，以加拿大为例。[1] 而根据本国与他国的利益相关性，可以将公共外交区分为竞争与合作两种模式。对于那些在某些问题上存在竞争性利益的国家，双方会竞相争夺对本国和对方民众的影响力与话语权；对于那些重要利益相关的国家，双方则侧重采取良性的话语互动，力求在双方民众中建立一种良好的集体形象。[2] 还有学者强调，各国在推行公共外交的过程中宜根据本国的比较优势采用不同的模式，比如欧盟的文化外交模式、加拿大的参与外交模式、日本的经贸外交模式、以色列的族裔外交模式等。[3] 本文认为，根据公共外交对目标受众施加影响的方式，将其区分为“外推”与“内引”两种模式，[4] 这在学理上更易辨识，且在实践中更易操作。

一、“外推”与“内引”：公共外交的两大模式

公共外交的外推模式较为普遍，指的是向其他国家展现自己良好、亲善的形象，向其他文化传播本国优秀的文化。比如德国的歌德学院，[5] 西班牙的塞万提斯学院，始于英国伦敦的世博会，日本的动漫外交，[6] 以及中国的孔子学院、熊猫外交、国家形象宣传片，也包括各国负责对外宣传的报纸、电台、电视台、互联网新媒体和政府其他各种公关活动等。前文提到的“进攻型”模式基本属于这一类型，学界对公共外交的讨论也多集中于此。外推模式意图清晰明确，方式直截了当，但对象国民众多是被动接受，再加上对象国民众的异质性，外推模式的效果有很大的不确定性。

目前学界对“内引模式”讨论较少，它指的是一国凭借自身在政治、经济、社会、人文等方面的比较优势，有意识地吸引（往往由该国政府资助或推动）外国人员大规模来本国考察、访问、学习、交流。英国的罗德奖学金与美国的富布莱特项目是这种模式的典型代表。罗德奖学金由英国政治

家、商人塞西尔·罗德（Cecil John Rhodes）于1902年创设，旨在资助“卓越、勇敢、仁爱以及拥有领袖气质”的世界各地优秀青年赴英国牛津大学深造，“罗德学者”因此被视为一种很高的学术荣誉。美国创设富布莱特项目的詹姆斯·富布莱特本人就是“罗德学者”，他深受该项目的影响，积极推动美国国会通过设立教育交流项目的议案。1946年，有关议案正式成为法律，并以富布莱特的名字命名。富布莱特项目由美国政府牵头，与160多个国家建立了合作关系，已为近40万人提供海外学习、研究的交流机会，其中很大一部分是资助世界各国的年轻学者到美国求学。“内引模式”针对性强，目标受众明确，着眼长远，力图入耳、入脑、入心。尽管这种模式耗时耗力，但收效明显。

外推、内引两相比较，人们就能清晰地感知到，内引模式能否实行及其成效最终取决于一国自身的吸引力。正如前文所述，外推模式意在提升一国在国际上的知名度，而内引模式则建基于一国自身的比较优势，并需要不断地自我积淀与长期经营，下文将以新加坡的“干部研修班”为例做详细阐释。

二、新加坡公共外交的“内引模式”

新加坡是个城市国家，国土面积小，又缺乏资源，但新加坡非常善于利用自己在城市建设中积累的经验，塑造“小国大外交”的美名。[7]“内引模式”正是新加坡在外交活动中利用自身的比较优势积极探索的成果。

新加坡公共外交内引模式的形成主要经历了三个阶段。第一是“无心插柳”阶段：经济社会发展成果显著，吸引周边国家“心向往之”。第二是“有心栽花”阶段：主动总结成功经验，建立制度机制，积极向他国决策者推销自己，比如新加坡在南洋理工大学和新加坡国立大学李光耀公共政策研究院设立“中国市长高级研修班”。第三是“拓展花圃”阶段：倚重制度力量，广泛拓展影响力，其标志事件是2006年新加坡贸工部和外交部联合成立新加坡公共事务对外合作局（Singapore Cooperation Enterprise），旨在“借助新加坡的品牌效应，通过分享新加坡的经济发展经验，促进新加坡同友好国家和地区的经贸合作关系”[8]。中国派往新加坡学习、培训和访问的各级干部已逾3万，彰显了新加坡“内引模式”的成功，其影响力更为深入和持久。

自1978年邓小平访问新加坡起，中国一直未曾间断对新加坡经验的学习和借鉴。中国向新加坡“求学”同样历经了三个阶段，我们从学习新加坡经济改革开放的经验到学习其社会管理的经验，再到学习其体制建设的经验，三个阶段各有侧重，而每个阶段的背后反映的正是新加坡实行公共外交内引模式的发展历程。

第一个阶段：1978—1991年。这十多年里，我国主要是学习新加坡的改革开放经验，重点是引进外资，通过经济发展带动四个现代化的进程。[9] 早在1978年邓小平出访新加坡的时候就表现出了借鉴新加坡的意向。此后，新加坡开国元勋之一、时任副总理的吴庆瑞博士，应邀成为中国政府的经济顾问。他建议中国改革开放分三步走，先选三四个城市做试点，然后推进到东部沿海地区，最后开发中部、西部地区。借鉴新加坡建设开发裕廊工业区的经验，在中国广东和福建也建立类似的出口加工区，而后选择合适地点，合理控制规模，向全国逐步推广，这成为此后二十年中国式现代化的长期战略。在这个阶段，中国学习新加坡主要是为了实现经济工业化。此时新加坡公共外交的内引模式初见端倪，其特点就是充分运用自身的成熟经验，吸引其他国家前来“取经”。最初，新加坡可能只是“无心插柳”，但成荫的柳林直接吸引了中国，当然也包括一些东南亚国家的注意。

第二个阶段：1992—2001 年。这近十年间，我国主要是学习新加坡的社会管理经验。1992 年，邓小平发表南巡讲话，拉开了借鉴新加坡社会管理经验的序幕。而此时，依靠本国公共服务的“金字招牌”，新加坡也确定了同发展中国家分享发展经验的宗旨，并由外交部制定“新加坡合作计划”专司此事，主要为有意与新加坡合作的国家提供课程培训以及安排考察访问等。针对中国，新加坡政府专门在南洋理工大学开设了针对县处级以上官员的“市长班”，为内引模式提供了制度保障。在这一阶段，新加坡公共外交的内引模式开始走向成熟，其特点是政府开始针对他国的特定对象系统地施加影响。这时的新加坡已经进入“有心栽花”阶段，直接针对相应国家的需求量身定做。

1992 年，新加坡外交部出资，新加坡南洋理工大学开始为中国培训官员。最初只是几个星期到几个月的短期培训。1997 年，新加坡国家发展部启动了每年两期的“中国市长高级研修班”，由中国市长协会选拔组织市长团参加短期培训。1998 年，南洋理工大学开设管理经济学硕士学位班（Master of Science in Managerial Economics），这个班用中文授课，主要招收中国学员，学制一年，更加贴近中国官员的实际情况。这些官员是中国中央与地方政策的直接制定和执行者，他们学习了新加坡的社会管理经验，对新加坡的良好法治、稳定秩序和社会开放程度等有了切身体会，回国即运用于实践中，这引起了中共中央组织部的关注。2001 年，中国和新加坡政府签署《关于中国中、高级官员赴新加坡学习培训项目的框架协议》。中组部和教育部先后开始向新加坡选送学员，学员多数是市长或与市长同级别的厅局级领导干部，这个班因此被称为“中国市长班”。[10]

“中国市长班”的学生主要有三类：中组部选送的学员，每年约 10 人，新方承担他们 100%的学费和 90%的生活费，其余 10%生活费由学员自理；教育部选送的学员，每年约 8 人，所有费用均由新方承担；国内各省市选送的学员，费用均由自己负担。[11] “市长班”的课程设计侧重于让学员全面学习新加坡经济政策的制定及研究分析、战略与策略规划等，主要包括公共政策分析、公共组织管理、公共行政领导学等 12 门课程。每年的课程内容根据中国发展需求做出调整。新加坡政府精心选择授课教师，让拥有相关经验的（退休）官员、学者和商业人士现身说法，让学员了解到鲜活的新加坡经济社会管理经验。除了这种针对性很强的理论学习以外，还会安排学员考察、访问新加坡的政府部门及企业，组织学员积极讨论，深化市长班的学习效果。自1992年以来，新加坡南洋理工大学已为中国培训各级干部近万名，20%为厅局级干部，70%为县处级干部，他们都是处于职业上升期的中层干部，不少人在学习期间或毕业不久即被提拔到更重要的领导岗位，[12] 他们在不同程度上践行了新加坡的管理经验。新加坡公共外交的内引模式取得了积极的成果。

第三个阶段：2002年至今。中国向新加坡的学习更加侧重于新加坡模式中的体制建设经验，新加坡公共外交的内引模式得到新的扩展。2005年3月，南洋理工大学与中共中央组织部及各省市组织部合作，开办公共管理硕士（Master of Public Administration）课程。2009年，承办"中国市长班"的中国项目办公室，升级为南洋理工大学公共管理研究生院。新加坡的发展经验对中国的"特殊借鉴作用"再次受到中央层面的肯定，新加坡成为中国领导干部海外培训的首选地。[13] 2010年4月，新加坡国立大学李光耀公共政策学院与管理学院合作开办以中文授课的高级公共行政与管理硕士课程，这个新市长班一开班就招收了60名中国学员，目标明确定位在平均年龄42岁左右的中层领导或决策者。此外，中央和各省市陆续派出多批考察团，学习新加坡的经济、司法、金融、社会保障、城市规划等体制建设经验。

与此同时，新加坡已不再止于栽花阶段，他们在总结栽培几朵花的经验基础上开始“拓展花圃”。上文提到的新加坡国立大学李光耀公共政策学院于2004年应运而生。李光耀公共政策学院是以公共政策系（20世纪90年代建系）为基础扩展而成的，该系最初旨在为东南亚国家培训公务员，而现在的公共政策学院意图成为未来亚洲地区乃至全球各地的决策者、执政者和学者进行公共政策培训、学习与交流的中心。2006年5月，在吴作栋资政的构思下，由贸工部和外交部联合成立了新加坡公共事务对外合作局，主席是公务员首长兼外交部常任秘书何学渊。其一方面为新加坡开拓了新的国际商机，另一方面也打造了新加坡在国际关系及国际经济发展中可信赖伙伴的形象。目前，公共事务对外合作局的项目50%集中于中东，其他多分布于中国、印度、中亚和非洲等地。

从20世纪八九十年代迄今，新加坡公共外交的内引模式走过了一条从“无心插柳”到“有心栽花”再到“拓展花圃”的道路。其间，新加坡面对激烈的全球竞争，选择超越单纯的贸易经济拓宽国际服务市场，并在积极寻求国际认同与肯定，可谓成就斐然。

新加坡成为中国学习借鉴的对象，的确非常特殊。概言之，中国向新加坡学习的原因大致如下，新加坡是个华人主导的社会，社会政策重视家庭，重视儒家价值观与市场理念的融合，与中国有同文同种之便；新加坡有意识地筛选西方的市场观念，将其融入东方价值观之中，总结出自己成功的工业化发展、社会建设和国家体制现代化的经验，符合中国的学习需求；新加坡社会和谐，政治稳定，族群关系较为融洽，民众对政府信任度很高，也与中国的政治目标契合。新加坡政治、经济、社会、文化方面的特殊性，既是中国学习的理由，也体现出中国现代化建设对中国独特性的追求，这也是新加坡政府针对中国的公共外交得以确立内引模式的主要原因。

新加坡公共外交的内引模式关键在于它是有针对性地，而且是系统性地向中国、东南亚国家甚至全球“推销”新加坡的国家形象：国家治理井然有序，社会生活欣欣向荣，以此吸引其他国家的注意力；然后通过总结成功经验，有意识地建立相应机制，积极为其他国家的决策者、政策制定和执行者学习新加坡经验提供便利条件；最后是倚重制度性的力量，尽量广泛地拓展自己的影响力。从新加坡的情况来看，公共外交内引模式的建立是一个长期战略，不可能一蹴而就。相对于效率较高的外推模式，内引模式更加柔和，它是一国他信力与自信力的良好结合，对于我国的公共外交发展具有启发意义。

三、朝向内外并重的中国公共外交

外推还是内引，不同国家通常会依据自身的比较优势，采用不同模式。英法两国的公共外交主要是“外推模式”，强调文化外交的影响力。英法希望凭借自己远比美国深厚的文化传统，拓展和维系自己在国际舞台上的影响力。法国早在1883年就创立了法语联盟，目前在世界上130多个国家和地区建立了上千家法语中心，与所在国进行文化交流。此外，法国还为前法属殖民地国家提供文化援助，帮助他们开展教育活动。法国还注重与大国的文化合作，比如与中国签订了《文化合作协定》，共同举办“文化年”等活动。英国最突出的是1948年丘吉尔倡导的“三环外交”，希望将英国变成英联邦国家、以英语为主要语言的国家和欧洲国家联盟的纽带，并在这些地区开展英语教育、输出英国文化，从而增进世界对英国的了解，这一外交策略一直影响至今。

美国则一直强调外推、内引两条腿走路。一方面，美国从未放弃开展对外宣传活动，比如美国国际广播局辖下的美国之音、面向古巴的马蒂电视台、面向阿拉伯世界的萨瓦电台以及面向朝鲜、缅甸等地的自由亚洲电台等，积极向其他国家传播“美国的福音”。另一方面，美国也很注重“内引模式”，积极开展国际教育文化交流。比如上文提到的富布莱特项目资助了大量外国学者赴美研修，旨在影响各国的青年知识精英，这些人可能在将来对其国家政策产生很大影响。

就中国而言，在“外推模式”方面，目前我国向世界发声的形式越来越丰富多样，有关的民意调查也显示其他国家对中国文化的了解在逐步增加。中国国际广播电台已达到每天用65种语言累计播出1100多个小时的节目，覆盖了全球200多个国家和地区。新华社的海外分社已遍布全球，可以同时用英文、法文、西班牙文、俄文、阿拉伯文和葡萄牙文发稿。海外中国文化中心也从20世纪80年代的2家扩展到现在的50多家，遍布欧洲、亚洲、美洲和非洲。自2004年在韩国首尔创办首个中外合作办学的教育机构孔子学院以来，截至2019年12月，中国已在162个国家（地区）建立了550所孔子学院和1172个孔子课堂，不少国家和地区还将汉语教学纳入了本国国民教育体系……不过，因为中国的政治制度与欧美国家存在显著差异，中国在“外推”自己的文化时通常以纯粹的“软”文化为主，比如语言、美食、中医、唐装等，这些文化形式基本剥离了政治因素，有助于减少传播中的误解和阻力，但可能无助于国际受众从更深层次上理解中国。更甚者，一些国家关注中国，或许不是被中国的软实力所吸引，而是希望通过与中国打交道获得经济利益和政治利益。这也许正是中国实行“外推模式”的困境。所以，除了“外推”，我们还需要积极为那些认可“中国道路”的国家提供深入认识中国的机会，借鉴新加坡公共外交内引战略的发展理念和发展思路，从而建立起我国内外并重的公共外交。

一方面，利用外推模式主动做好舆论引导。由于意识形态的冲突、价值理念的分歧和冷战思维的延续，西方国家仍然存在各种对华的偏见、误解和疑虑，“中国威胁论”、“国强必霸论”以及各种“陷阱论”等层出不穷。在这一背景下，中国公共外交的主轴是回应非议以正视听，对外营造积极正面的国家形象，“向世界说明中国”“讲好中国故事”由此成为核心议题。不仅政府的公共外交理念是这样，中国学者对“国家形象”、“软实力”与“对外文化传播”的关注也明显多于国外学者。为了更好地说明自己、解释自己，中国的公共外交策略正在从被动防御转向主动引导，以期更好地影响国际舆论与国际关系的议程设置。比如中国在“南海仲裁案”中的主动出击，就取得了较好的效果。从2013年菲律宾单方面提起对中国的“仲裁”到2016年“仲裁”结果出台，中国一方面坚持不接受、不参与、不承认的“三不原则”，另一方面积极向国际社会解释南海争议的历史与现实，在美国纽约时代广场投播南海主题的宣传短片，澄清“南海仲裁案”真相，强调对话协商才是妥善处理南海争议的解决途径；中国驻南非、丹麦、美国、英国、巴西等国使领馆官员通过接受媒体采访、发表署名文章等方式，坚决反对菲律宾南海仲裁案临时仲裁庭的非法裁决，等等。通过一系列努力，“南海仲裁”结果出台的第二天，联合国官方微博就发表声明指出，“常设仲裁法院”与联合国没有任何关系，同时海牙国际法院也表示自己自始至终从未参与所谓“南海仲裁案”，而且中国在南海问题上的立场获得90多个国家的公开支持。公共外交在其中发挥了积极作用。

另一方面，沉淀自身经验，推进内引模式。中国稳健的发展态势已经引起中东、拉美、非洲一些国家的关注。这些国家也在努力探索让自己走出困境的发展道路，中国的发展经验无疑为他们提供了可供借鉴的选择。中国几十年的发展成就，在两次大的国际经济危机中的出色表现，需要得到正视。对自己的成就，中国一方面应当保持谦虚谨慎，另一方面也应该有充分的自信。对自身发展经验的总结不仅可以照鉴自己，也可以作为一个模本供他国参考。面对来自广大发展中国家的“取经意图”，我们可以系统地总结自身经验，针对目标受众的经济社会发展需求，向后发国家传播中国经验；同时从长计议，加强为目标国的优秀受众提供来华学习的制度建设。当然，还需要强调的一点是，中国应当重视自身发展模式与发展经验的独特性，同时尊重其他国家探寻自身最佳发展模式的努力。比如我们对“中国道路”一直秉承的态度：因为每个国家都有自己的历史传统和生活方式，都有很强的独特性，因此中国经验只能解决中国自己的问题，其他国家很难移植或复制中国道路；但是，中国道路的确给了发展中国家的政策制定者一个非常不同于华盛顿共识的选择。中国欢迎“向东看”，但“仅供参考”。这在很大程度上体现了西方国家与中国在世界秩序观上的差异，前者是“西方的、英国或美国的、宗教的、传经布道式的”，后者是“东方的、中国的、文化的、文明教化式的”。

总体而言，中国在广大亚非拉国家中一直有良好的口碑，中国所坚持的同舟共济的命运共同体外交理念，正在取得积极的成果。长远来看，中国的公共外交宜稳定于亚洲，重点经营非洲与拉美，对欧美国家则风物长宜放眼量。在战略选择上，我们既要“走出去”，以“外推模式”提升公共外交的广度；也要“引进来”，以“内引模式”推进公共外交的深度发展。

注 释

〔1〕廖宏斌:《公共外交：国际经验与启示》，载《当代世界与社会主义》2009 年第 1 期，第 100-103 页。

〔2〕唐小松:《论中国公共外交的两条战线》，载《现代国际关系》2007 年第 8 期，第 42-46 页。

〔3〕赵可金:《公共外交的理论与实践》，上海辞书出版社 2007 年版。

〔4〕陈雪飞:《如何加强公共外交：建立“内引模式”机制，拓展公共外交深度》，载《中国社会科学报》2011 年 5 月 31 日第 7 版。

〔5〕德国歌德学院的宗旨是“通过提供德国的文化、社会及政治生活信息，传达德国的整体形象”。参见［日］金子将史、北野充主编:《公共外交——“舆论时代”的外交战略》，《公共外交》翻译组译，刘江永审校，北京：外语教学与研究出版社 2010 年版，第 48 页。

〔6〕2008 年 3 月，动画人物“机器猫”被任命为日本的“动漫大使”。

〔7〕郑蔚康（整理）:《他山之石，可以攻玉：新加坡驻广州总领事洪齐全讲座实录》，载《东南亚研究》2008 年第 5 期，第 95-96 页。

〔8〕驻新加坡使馆经商处：《新加坡公共事务协作公司正式成立》，载《中华人民共和国商务部》，http：//sg. mofcom. gov. cn/article/ziranziyuan/200612/20061203956439. shtml，2006 年 12 月 6 日。

〔9〕邓小平:《邓小平文选》(第二卷)，北京：人民出版社 1994 年版。

〔10〕赵灵敏:《中国的新加坡热》，载《新加坡文献馆》，http：//www. sginsight. com/xjp/index. php？ id=2261，2009 年 2 月 6 日。

〔11〕陈欣:《新加坡有个“中国市长班”》，载《环球时报》，转引自 http：//news. sina. com. cn/c/2005-08-04/15166612077s. shtml，2020 年 12 月 7 日。

〔12〕乌元春:《近万中国官员“受训”新加坡南洋大学理工大学》,载《中国新闻网》,转引自 https://china.huanqiu.com/article/9CaKrnJnlAK,2010 年 4 月 30 日。

〔13〕何惜薇:《李光耀公共政策学院 3 月也推出“中国市长班”》,载《联合早报》,http://www.zaobao.com/special/singapore/pages4/sg_cn100222a.shtml,2010 年 2 月 22 日。

第六章
中国在非形象的公共外交视角

改革开放四十多年来，中非关系持续升温，经济合作愈加多样。中非贸易额自 1990 年开始每十年增长十倍，1990 年不到 10 亿美元，2000 年达到 100 亿美元，2010 年飙升至 1270 亿美元，2011 年则已超过 1600 亿美元。至此，中国已经成为非洲最大的贸易伙伴，非洲也已经变成中国的主要投资市场之一，超过 1700 家中国公司在非洲投资。[1] 同时，中非的政治交往也不断加深。2000 年至今每三年一届的中非合作论坛越来越受到国际社会的关注。

但与此同时，随着中国在非洲影响力的加强，中非关系也不断受到西方国家的非议。西方政府及民间人士发动国际舆论攻势，非议中国对非战略："新殖民主义论""掠夺资源论""破坏环境论""漠视人权论"不绝于耳，而且中非合作关系愈密切，这种论调重复出现的频率也就越高。现实中，中国企业、中国商品、中国人在非洲也出现了一些问题，这促使我们更为深入地思考中非关系和对非政策。

一、中国在非洲的公共外交处境

了解中非关系是我们开展对非公共外交的起点。大致而言，中非关系被西方国家归结为三种[2]：一是伙伴关系，中非之间相互获益；二是竞争关系，中国与西方瓜分非洲资源；三是中国是非洲的新殖民力量，是非洲新的征服者、压迫者、剥削者。

显然，伙伴关系不是西方视角的主流，只有少数西方学者论及，比如美国约翰斯·霍普金斯大学中非研究所所长德博拉·布劳蒂加姆（Deborah Brautigam）在《龙的礼物（*The Dragon's Gift*）[3] 中给予中国对非援助、投资和商贸活动较为正面的评价，并认为中国向非洲投资就算不是无私的，其利他程度至少也与西方国家相差无几。但这类观点真的是“曲高和寡”。

而后两种观点在西方附和者甚众，二者皆以指责中国在非角色为主线，颇受西方学者“青睐”。比如英国考文垂大学非洲研究中心联合主任亚历克斯·瓦因斯（Alex Vines）[4] 认为中国在非洲的主要目标是获取资源。伦敦政治经济学院长期从事非洲研究的学者克里斯·奥尔登（Chris Alden）在《中国重回非洲》（*China Returns to Africa*）[5] 一书中认为，中国为非洲提供了三样东西：比西方竞争者更多的钱、长期协议以及“不干涉内政”的投资条件，而这可能导致当地人权与腐败问题的恶化。还有学者指责中国公司对非洲矿产资源的开采不安全，过度砍伐森林资源；[6] 批判中国支持“独裁的”津巴布韦总统穆加贝；[7] 非议中国公司与美国壳牌、埃克森美孚公司一样在非洲都有环境污染的劣迹；[8] 或者借一些非洲非政府组织之口，说中国在20世纪六七十年代的确是为了援助非洲，而现在的中国却只是为了从非洲获取经济利益。[9]

总体而言，西方学者大多没有摆脱冷战思维的影响，倾向于强调中国的在非战略是由“私利驱动”的，中国“重回非洲”只是因为非洲拥有巨大的能源和资源潜力，因此不厌其烦地列举此类例证。

与之针锋相对，我国政府指出，中非友好才是中非关系的主调，中国为非洲国家提供了各种援助，涉及科教文卫、资源开发、基础设施建设等，这些实实在在的做法为中国在非洲赢得了良好的口碑。以李安山为代表的一批学者也一直在为中国在非洲的活动正名，驳斥各种“新殖民主义”论调。[10] 他们全面客观地阐释中非能源关系；[11] 用翔实的数据展现中国在非洲的良好形象；[12] 解释中国在非洲的具体政策，如不干涉内政政策、[13] 人权与援助政策[14] 等；还倡导中国与西方在非洲进行合作。[15]

那么，中国在非洲的形象到底如何？中西两方都是当事人，自家之言难免“有失客观”，我们有必要关注作为另一方当事人的非洲人是如何看待中国在非洲的角色、作用和地位的。

二、非洲人眼中的中国形象

为了呈现非洲人视角下的中国形象，本文查询了非洲五国五份英文报纸的电子版（包括一个新闻网站），以“中国（China）、非洲（Africa）、相应国家名称”为关键词，每个媒体提取检索结果的前100项，共500篇报道。有些报纸提供最近三个月的检索信息，有些提供最近三年的检索信息（截至2013年8月中旬）。尽管此次检索范围有限，媒体视角与普通民众间亦有差异，但这些检索信息可以在一定程度上帮助我们了解非洲人眼中的中国究竟如何，这将有助于我们有的放矢地塑造更为积极的中国形象。

五个国家分别为尼日利亚、安哥拉、赞比亚、津巴布韦和南非。选取理由有三：首先，就地域而言，这五国涵盖了非洲的西部、中部和南部。其次，就与中国的关系而言，这些国家都与中国往来密切。根据2012年中国对外承包工程市场排名，就新签合同额而言，尼日利亚和安哥拉排在第一和第二；就已完成营业额而言，安哥拉和尼日利亚分别排在第一和第四。选赞比亚是因为坦赞铁路，选津巴布韦则是因为已经再次连任的总统穆加贝，这两个国家与中国颇有渊源。选南非，除了它被纳入金砖国家外，还有一个原因，沙伯力与严海蓉2010年对非洲九国的一项调查显示，九国中只有南非受访者因为当时人均国民生产总值高于中国（统计时间为2007年），大多不认为中国的发展模式值得效仿，[16]

因此预期在南非可以听到更多异议之声，而调查结果却有不少不符合该预期之处。最后，本文遵循了便宜原则选取了报纸的电子版，这几国新闻的网络版较易查询，便于检索。

选取的报纸均为综合新闻媒体，包括尼日利亚的《抨击报》（*Punch*，私人报纸，创刊于19世纪60年代，每日24版，有统计显示该报日发行量为10万份），检索信息时间段从2013年5月到2013年8月；南非的网络新闻Iafrica. com（南非的一个主要新闻网站，涉及议题广泛），检索信息时间段从2011年2月到2013年8月；赞比亚的《邮报》（*Post*，赞比亚的一份重要的独立报纸），检索信息时间段从2010年1月到2013年8月；安哥拉的《安哥拉新闻社》（*Angola Press Agency*，安哥拉的官方新闻机构），检索信息时间段从2010年12月至2013年8月；以及津巴布韦的《布拉瓦约》（*Bulawayo*，津巴布韦的在线新闻机构），检索信息时间段从2011年1月到2013年8月。

检索结果显示，中国在非洲呈现出的是一个经济独大、褒贬并存的形象。

1. 作为“经济大户”的中国

这500篇报道涉及经济、政治、体育、文化、科技、教育等多个方面。几乎所有国家的报道都是以经济为重，政治为辅，其他信息涉及不多（见表6-1）。采用相同检索方式检索同期涉及美国的报道，则有明显不同。以检索结果读取方便的南非的Iafrica. com和津巴布韦的《布拉瓦约》为例，两者针对美国或涉及美国的报道各100篇，其中Iafrica.com关于美国的经济类报道仅占16%，与旅游类报道（17%）等量齐观，而体育类报道则占到48%，政治类只占6%；《布拉瓦约》的报道中，经济类占17.5%，与以音乐交流为代表的文化类报道（13.75%）相差不大，而政治类的报道则占到46%，其中大量内容涉及美英等国对津巴布韦选举和政府的批判。

表6-1 关涉中国新闻的类型分布

新闻类型（条）／报纸名称	经济（52.6%）	政治（17.8%）	体育（9.8%）	文化（4.2%）	科技（6%）	教育（0.8%）	医药（2%）	其他（6.8%）	总数（100%）
尼日利亚《抨击报》	46	11	19	6	6	2	6	4	100
安哥拉《安哥拉新闻社》	38	21	7	4	21	2	2	5	100
赞比亚《邮报》	57	10	18	2	3	0	2	8	100
津巴布韦《布拉瓦约》	51	31	0	8	0	0	0	10	100
南非Iafrica.com	71	16	5	1	0	0	0	7	100

注：①“其他”项包括法律、旅游、轶事等。②“经济”“政治”“体育”类的划分基本按照媒体本身提供的分类标准，有些内容略作调整，比如两国领导人的互访，如果大量内容涉及提供贷款、投资或经济合作项目等，虽然原媒体标定为“政治”类，此处亦将之归为“经济”类。“文化”“科技”“医药”“教

育”和“其他”是原媒体未作标定的新闻，本文根据新闻内容进行了区分。③安哥拉“科技”类新闻有21条，主要是中国参与安哥拉主办的三届国际环境技术博览会的信息。

在所有关于中国的报道中，经济类信息占比超过了二分之一，包括中国在当地投资、并购、开采矿山、建设工厂、中国给予当地优惠贷款、与中国签订基础设施建设合同、中国与非洲的进出口总额等。政治信息不到20%，多为国事互访，比如南非总统祖马在金砖峰会前会见习近平与普京；贺国强出访安哥拉，谈及两国应加强合作；汪洋发表讲话，敦促津巴布韦选举年保持稳定等；还有一些评价中国国际作用的政治新闻，比如有报道称“只有中俄支持叙利亚的阿萨德政权”等；另有个别信息称“中国在非洲的投资导致了当地的政治腐败”。体育类约为10%。文化、科技、医药、教育及其他类新闻共百篇左右，约占20%，比如，孔子学院研究Shona语的文化类报道；中国国家灯具检测中心参与en.lighten全球高效照明合作项目的科技类报道；关于中国茶与草药的医药类报道；中国实行九年义务教育的报道；以及中国人在津巴布韦因吃稀有陆龟而被捕的法律类报道等。

从以上统计结果可见，中国传递给非洲的主要还是经济形象。这似乎也在情理之中，毕竟中国已是非洲的最大贸易伙伴，但是，为了避免非洲仅将中国视为“经济大户”，我们有必要积极调整对非策略，与非洲携手共建中非命运共同体，让我们的国家形象在非洲鲜活起来，防止中国留给他们的积极、快速发展的“希望情感”转化成令人生畏的“恐惧情感”。[17]

就新闻性质来看，此次检索的信息包括客观报道和主观评价两种，其中客观报道事实的新闻占大多数，比如两国领导人的会晤，双边贸易额，中国提供贷款、投资，中国与当地合作或并购当地企业，从中国进口某某商品，在中国召开某某会议，中国参与某某会议，中国、南非警察联合执法，中国等国驻安哥拉的军事武官访问罗安达的警察指挥部等，以及大量以中国为背景信息的新闻，例如提到金砖国家时谈及中国，再如报道本国发展状况时，提及中国相关信息作为参照，比如中国的公路里程、国内生产总值、外来直接投资数额及利率、人口转化成生产力的能力等。

另一部分是主观评价的新闻，这类新闻量很少，内容与沙伯力等人的调查一致，非洲人对中国在非洲的作用有褒有贬。

2. 作为“绿林豪杰”的中国

综合而言，对中国的批评集中在四个方面：中国在非洲获取资源；中国人挤占当地人的就业机会；中国商品量多质差；中国企业不遵守当地法律。在一些媒体笔下，中国就像一个“绿林豪杰”，在不循章法地抢资源、占市场。

存在这类负面报道，一方面与西方的扭曲“宣传”有关，另一方面与我们的行为不当不无关系。

首先，明显可见的是这类负面报道与西方国家对中国的指责一致，这并非巧合。西方舆论界早已为非洲的媒体报道做好了铺垫。有确切数据显示，非洲一些国家基本在充当西方大国的信息二传手。[18]

本次检索中，虽然各个媒体并未出现大量转载西方媒体新闻的情况，但能看出西方媒体在非洲的影响力远大于中国。此次检索结果中，尼日利亚《抨击报》新闻的引用来源包括了《彭博社》《金融时报》《环球金融》等；南非 Iafrica. com 的引用来源有《彭博社》《纽约时报》《道琼斯通讯社》等；赞比亚《邮报》主要来源是《经济学人》；津巴布韦《布拉瓦约》的引用媒体包括了《先驱报》和英国《卫报》，有一篇关于斯诺登的新闻引用了《新华社》的信息。其他引用欧美国家的大学或研究机构或金融组织等的信息的报道未作一一统计。对中国而言，在西方几个大国占据国际媒体资源压倒性优势的背景下，我们对非传播的“落地入户”工作依然艰巨，[19] 不过已经出现契机。非洲媒体也已经意识到：因经费问题，英法媒体在非洲的传播能力正在“缩水”，而中国则希望通过传媒手段一方面加强中非联系，另一方面抵消西方媒体对中非关系的不实报道。

其次，就我们自身而言，在非洲销售的部分商品质量不高、个别在非洲工作的人员素质不高也可能是个现实问题，但个案往往会被媒体放大。眼下，我们正面临新的挑战——正如非洲媒体所指出的，中国正在失去其低廉劳动力的优势，这促使我们调整经济结构。非洲媒体对华为等质优价廉的商品生产商的肯定在某种程度上改善了非洲人对中国商品的认知。而华为所代表的不仅是贴着中国标签的“商品”，更是一种“服务和融入”的理念。华为良好的售后，以及通过培训进行的属地化管理模式，在非洲都收获了“鲜花与掌声”。

属地化管理（包括我国媒体工作）有助于中国的技术标准和规范“走出去”，也有助于破除当地人对“中国向外迁移过剩人口”的幻象。其实不光是非洲，有中国“工程大军”走过的地方，如东南亚和拉美等地，当地人都可能产生类似“担忧”，这很大程度上是对中国庞大人口数字的一种非理性的直觉投射。属地化管理可以减少这种刻板印象，但也面临诸多跨文化的屏障，比如语言、文化习俗、宗教信仰和法律（尤其是当地的劳动法）等。因此，在走出国门之前，我们还需做足功课。

3. 作为“良师益友”的中国

以明确的语言赞誉中国的报道集中在三个方面：对中国在经济、科技等方面发展的肯定；肯定中国通过投资、援助和商贸等对非洲发展做出的贡献；与西方国家相比，肯定中国是一个更为平等的伙伴。

正是因为非洲国家对以中国为代表的亚洲国家经济发展的肯定，非洲国家才呈现出愈加强烈的“向东看”趋势，他们希望通过借鉴“中国模式”摆脱自身所处的困境。在此次信息检索中，几乎所有国家的媒体都提到中国经济发展迅速，科技进步迅猛，应该借鉴和学习，即便是南非。尽管在沙伯力等人的调查中，南非受访者大多不认同中国的发展模式，但南非媒体关于借鉴中国的报道是所有国家中出现最多的，比如强调中国经济的迅速增长得益于统一的国内市场、对外贸实行优惠政策的经济特区以及农业改革等，南非可以从中借鉴成功的经验；再比如提到南非应该放下意识形态上的偏见，向中国学习等。其他国家的媒体也主张在解决劳动力问题、发展自由贸易区及其他发展经验方面向中国取经。

中国经济发展四十多年来取得的成就，让越来越多的非洲国家开始思考“西方化”是否是唯一的“华山之路”。中国的发展经验为他们提供了另一种选择。正如埃塞俄比亚总理梅莱斯所言：“中国是我们所有人的灵感。中国向非洲展示了，非洲确实能够在经济发展上渡过难关”。[20] 尽管荷兰学者皮特·范迪克认为，非洲缺少中国获得成功的诸多前提条件，因此不能复制中国的成功，也就是说，“北京共识”并非是“华盛顿共识”的替代模式，但非洲可以从中国的得失中汲取经验教训，这同样弥足珍贵。[21] 总之，不管是否认同“中国道路”这种提法，中国几十年的发展成就、在两次大型国际经济危机中的出色表现，都需要得到正视，总有一些优秀的经验可循。中国可以在人力资源发展、治理能力以及技术培训方面为非洲提供援助，[22] 像德国国际发展基金[23] 或者新加坡“中国高级干部研修班”那样，提供系统、稳定、注重效果的培训和学历课程。

就中国对非洲做出的贡献而言，援助项目是很重要的一个方面。根据总部设在美国华盛顿的全球发展中心和总部设在美国威廉玛丽学院的“援助数据”项目（AidData）共同发布的研究报告，2000 年至 2011 年，中国向 51 个非洲国家援助了 1673 个项目，涵盖非洲经济社会的方方面面，援助总额约 750 亿美元。自从 2011 年南苏丹独立后，非洲 54 国中只有 3 个未接受中国援助。[24] 因此，各国媒体对中国援助非洲均有报道（见表 6-2）。

表 6-2　中国对各国的援助信息

媒体名称	主要内容
尼日利亚《抨击报》	①中国提供贷款援建航站楼与水电站 ②中国提供低息贷款
安哥拉《安哥拉新闻社》	①中国驻安使馆参赞强调中国继续给予安财政援助 ②吴邦国访问安哥拉并提供物资援助 ③中国援建万博小学
赞比亚《邮报》	①ZESCO 与中国非洲发展基金及中国水电公司签署开发项目融资协议 ②中国给予赞比亚优惠贷款有助于赞比亚经济发展 ③赞比亚与中国合作建立发电厂，中国提供资金及工程支持 ④中国援建体育馆

续表

媒体名称	主要内容
津巴布韦《布拉瓦约》	①接受中国资助及派遣农业专家 ②中国向津巴布韦发放贷款 1.7 亿美元用于基建发展以及健康和广播基金 ③汪洋访问津巴布韦并签订 1600 万美元的无息贷款合同 ④中国提供 1.5 亿美元优惠贷款支持津巴布韦建机场 ⑤中国向津巴布韦广播公司援助高清晰广播车
南非 Iafrica. com	①从中国获得 58 亿美元贷款 ②与中国工商银行签订 200 亿南非兰特的再生能源项目投资协议 ③中国公司援建水坝

《中国的对外援助》白皮书显示，我们的对外援助主要有八种方式：成套项目、一般物资、技术合作、人力资源开发合作、援外医疗队、紧急人道主义援助、援外志愿者和债务减免。在此次检索中，八种方式并未全部涵盖，其中优惠贷款提及次数最多，其次为援建基础设施（包括航站楼、水电站、水坝、学校等），再次是技术合作和实物援助等。“援外”本是很积极的信息，总体而言，非洲媒体给予的也是正面评价，但我们必须留心一些非议之声。比如面对优惠贷款，媒体在表示欢迎的同时也在警惕可能出现的贸易失衡，以及过度依赖中国的后果。关于基础设施，有的因为质量问

题遭到诟病。有关中国援建非盟大厦的报道并没有体现出与之相称的评价，甚至有文章称“非洲有充足的人力资源，为什么要依靠中国?”在非洲也有这样一种声音：“为什么总是说中国援助非洲，中国从非洲所得的难道还少吗?”

综合来看，非洲当地媒体的报道多数比较客观公正，非洲人有自己的眼睛，他们是理智的，有强烈的发展需求，同时又对长期被殖民的历史心存忌惮，非常注重独立自主。因此，他们对中国有肯定和感激，也有否定和指责。需要指出的是，在肯定之声中有需要我们冷静思考的问题；在否定之声中，有促进我们转变的契机。

三、中国在非洲的公共外交战略

上述所呈现的中国在非洲的复杂形象，促使我们有针对性地调整在非公共外交的政策，积极构建中非命运共同体。

1. 改善“商业国家形象”

一个国家公共外交的发展离不开对国家品牌的经营，商业品牌是一个工业大国国家形象的重要成分，我国需要改善在非洲的“商业国家形象”。一方面，中国低廉的日用品的确满足了非洲当地很多人的基本生活需要，最典型的如塑料凉鞋，它甚至改变了非洲贫困国家的女性与孩子赤脚走路的生活习惯;[25] 但另一方面，中国商品也有部分存在质量上的问题。有人抱怨购买中国产的水龙头，半年要更换两三个，而且买不到其他国家制造的同类产品。

中国商品具备价格优势，符合许多基层民众的购买力，因此在很多非洲国家占据了市场主导地位，但如何改善“商业国家形象”，形成长期可持续的非洲消费群体，是我们必须重新审视的一个问题。我们在非洲创立的品牌不一定是“LV”之类的奢侈品，但它一定是“中国品牌”，中国品牌不等于价廉质劣。确立低端商品乃至所有商品的良好商业口碑，是中国改善在非国家形象的必要步骤。

这首先需要我国加强对销往非洲商品的质量监督，提高商品质量和技术含量。最近几年，中国出口商品的价值链逐步完善，中国出口到非洲的机器、车辆以及电子产品正在增加。以华为 IDEOS 智能手机为例，价格不到 100 美元，比同类智能手机便宜很多。该款手机 2010 年登陆肯尼亚，不到一年的时间就占据了肯尼亚智能手机市场 45%的份额，同时也获得大量使用者好评。另一方面，对一些稍微高端的商品要同时加强售后服务的配套。以浙江神龙机械厂为例，该厂仅 2011 年就在非洲拿下 300 万美元的农机设备订单。他们抢占非洲市场的策略是既提供机器，也提供培训。“无论多好的机器，农民们不知道如何使用，也就等于一堆废铁”。[26] 而对于中国产品阻碍非洲制造业发展的指责是不成立的。沙伯力等人的研究早已指出，中国对非洲国家的出口是补充型而非竞争型的。也就是说，来自中国的进口取代的是来自其他地方的进口，对当地生产影响不大，就算中国商品退出非洲市场，补缺的也不会是非洲当地商品，并且那可能意味着更高的生产成本和价格。

2. 通过援非项目推动非洲内生发展

中国为非洲国家提供的经济援助往往不附加政治条件，西方国家常常就此抱怨不已，但这符合绝大多数非洲国家的需要，并获得了它们的高度认同。问题在于，我们的援非项目如何能促进非洲当地的内生发展？

西方国家的援非项目总会附加政治和经济条件，实际上是通过设置这些条件保证自己在援助中获得更大利益。据联合国贸发会议统计，发达国家对非洲每援助 100 美元，最终将通过贸易、投资等方式从非洲拿回 106 美元。[27] 中国援建的一些项目，考虑到专业技能及文化差异等问题，多是从中国雇佣工人，有些还从中国购买原材料，这可能让当地人认为中国的援助并未让自己受益。[28] 有调查显示，非洲民众对中国援助项目的负面评价，多集中在中国投资并未给当地人带来更充分的就业机会上。如果我们能通过援助项目带动当地产业，通过经济技术合作为之培养专业人才，比如中非科研机构“10+10”合作项目，围绕如何使用非洲大陆的新品种、新技术开展联合攻关和研发，为非洲农业发展提供科技支撑和服务保障，就能给非洲国家带来更大的社会效益，从而带动非洲国家的内生发展。

3. 为好做法提供好说法

即使我们在商贸、援建等方面努力做出改善，我们依然会笼罩在西方的"新殖民主义论""掠夺资源论"等指责中。尽管这些论调掺杂了很多利益因素，扭曲了现实状况，带有一种双重标准的种族主义基调，[29] 但我们不得不面对其在非洲颇有市场的现实。因为非洲在外交事务和当地新闻报道方面，尤其依赖西方的媒体和新闻机构，这导致我们很难发出自己的声音。因此，我们的当务之急在于，必须"想方设法"为自己的好做法提供好说法。

我国新华社的海外分社和中央电视台的国际频道已在非洲多个国家和地区落地入户。但是，因为语言和文化差异的阻碍，大部分受众了解他国信息还是通过本国媒体。[30] 因此，本国媒体的信息源就很重要。由于西方大国占有国际媒体资源的压倒优势，不少非洲国家媒体只是这些媒体大国信息的二传手，非洲记者的报道内容和叙事方式常常受美国以及欧洲国家新闻媒体的议程设置所建构，包括报道什么、强调什么以及以何种态度进行报道。

有研究表明，加纳最大的两家报社在2006年5月至6月间发表的543篇文章中，64%的文章来自英国广播公司（BBC），只有13%来自加纳新闻机构，其余23%来自其他机构。[31] 英国广播公司对中国所持的态度以负面居多，其曾经推出的一档纪录片《中国人来了》（The Chinese are Coming），以看似"客观"的口吻，展现出一种酸溜溜的"中国威胁论"，批评中国进入非洲只为自身利益，对非洲没有好处。[32] 剑桥大学的政治地理学家艾玛·莫德斯利（Emma Mawdsley）指出，西方媒体倾向于负面地看待中非关系，

"体面的"英国媒体也常常贬损和诋毁中国在非洲的作为，[33] 甚至为了博取眼球不惜渲染一些有关中国的轶事传闻。[34]

对此，我们也不能抱着清者自清的态度置之不理。心理学上有一种错误信息效应，指人们对从未发生过的事情也可能拥有逼真的记忆假象。在大众传播活动中，被媒体生动描述的假新闻事件也可以植入受众的脑海，从而形成错误的信息。换句话说，受众在媒介影响下，误认为他过去经历过一件事，其实他并未经历过。由于错误信息效应无声无息，难以察觉，单凭记忆，人们很难分辨哪些是真实事件，哪些是暗示事件。[35] 这些关于中国的错误信息不断被有模有样地报道，结果很可能就是"三人成虎"。

中国该如何去说？可能有下述几个方面可以着手。首先，中国公开对外援助的评估报告，把整个过程以书面形式公告天下，特别要善于发挥当地媒体的作用，这是对指责中国在非洲搞"新殖民主义"和"掠夺资源"的有效回击。其次，加强中国学者对非洲的调查研究，积极探索"借台唱戏"的路径。有调查（2006、2007 年盖洛普世界民意调查，2007、2008 年皮尤全球民意调查，2008 年非洲民意调查）显示，尽管西方学界和媒体对中国做了大量妖魔化渲染，但大多数非洲民众对中国的积极评价率还是比较高的。我国学者的类似实证研究比较有限，学界和传媒界恐怕都要更加积极主动地探索如何讲好"中国人在非洲"的学术故事和新闻故事。很多非洲民众可能根本听不到中国的声音，听到的更多是来自西方媒体的转述，不可能了解全面而真实的中国，更谈不上理解了。我们需要努力加强与当地媒体的交流与合作，为当地媒体提供中国故事，促进与当地媒体从业者的互动。

2010年世界媒体峰会组织的亚非青年记者培训班是个很好的尝试，它让一些非洲记者首次走进中国，并且取得了积极的效果。“来中国前，我对中国了解很少。这次真实地见到了中国，以后再写关于中国的报道时，我就有了一个更宏观的中国背景。我来过这里，并且会永远铭记在心。”[36] 正是通过这些方式，我们可以借助他们的平台发出自己的声音。受众多是通过本国媒体获取对他国的了解，只有借助当地媒体，我们才更可能实现真正意义上的“落地入户”。互联网互动传播方式的发展，更是为“借台唱戏”乃至“让他人唱我们的戏”创造了条件。2020年随着“云概念”的流行，7月24日中国土木工程公司承建的尼日利亚拉伊铁路推出了首场别开生面的“云开放日”活动，采用云直播方式，让尼日利亚当地员工用rap向国际受众展现了西非首条中国标准双线铁路——拉伊铁路的建设进展和员工们的工作状态，这对我们在非拓展公共外交空间很有启发。中国与非洲的医疗合作、对非洲的基建投资、对非洲的维和贡献等都需要借助新传播方式扩大影响力。

此外，继续提升驻非洲的中国文化中心的工作效果，拓展孔子学院在非洲的影响，以及加强中非的文化互动，也都是重要的公共外交战略。

4. 基于自身经验构建内引模式

公共外交的内引模式强调凭借自身优势，有意识地吸引他国民众前来学习取经。中国稳健的发展态势是中国的巨大比较优势，并且已经展现出独特的魅力。沙伯力等人的一项调查显示，在被调查者中，绝大多数埃塞俄比亚人（86%）、苏丹人（85%）、肯尼亚人（84%）、加纳人（83%）及赞比亚人（75%）对中国的发展模式持积极态度。[37]

中国也一直在通过内引模式积极帮助非洲国家探寻适合自身的发展之路。1949 年至今，中国政府已经为来自 50 多个非洲国家的约 12 万名学生提供了奖学金，并派送数万名教师到 30 多个非洲国家支教；从 2009 年开始，中国政府每年为 4000 名非洲学生提供来华奖学金。自 1998 年起，商务部、教育部、卫生部等相关部门开始为非洲国家培养管理和技术人才。2000 年的中非合作论坛设立了“非洲人力资源开发基金”，中国在此框架下已为非洲国家培养专业技术和管理人才两万余名，培训内容涉及行政、经济管理、医疗卫生、网络通信、农业科技、领事保护等多个领域。[38] 由此可见，内引模式已经在中非命运共同体建设中发挥了重要作用。

四、结语

中非友谊源远流长，非洲人民一直是中国人民的好朋友，但朋友之间如果仅凭革命时代流传下来的“战友”情谊维系，终会变得淡漠甚至消逝。在新的世界政治经济条件和全球化背景下，中非人民同样需要通过多种方式不断加深了解、增进理解，将中非情谊代代传承下去。

针对我们在非洲人眼中的一些负面形象，中国需要在做好自己工作的同时，讲好中国故事，发展国际意识，提升跨文化的敏感力、做大蛋糕的合作力、遵规守制的自我约束力；对于我们已有的正面形象来说，中国需要的是更积极地作为，更主动地传递经验，更有效地提供“外援”，更自觉地与非洲人民“同呼吸共命运”。总之，在对非公共外交的战略选择上，我们既要“走出去”，凭借“外推模式”提升公共外交的广度；也要“引进来”，强化“内引模式”的制度机制，推进公共外交的深度，从而更深入地推进中非命运共同体的建设。

注释

〔1〕“China, Africa Seek Common Development through Trade”, *People's Daily Online*, 20 May 2011, http://english.peopledaily.com.cn/90001/90780/91345/7386775.html.

〔2〕Felix M. Edoho, “Globalization and Marginalization of Africa: Contextualization of China-Africa Relations”, *Africa Today*, 58 (1), 2011, pp. 104-121.

〔3〕Deborah Brautigam, *The Dragon's Gift: The Real Story of China in Africa*, Oxford: Oxford University Press, 2009.

〔4〕Alex Vines, “China in Africa: A Mixed Blessing?”, *Current History*,

May 2007, pp. 231–219.

〔5〕 Chris Alden, Daniel Large & Ricardo Soaresde Oliveira (eds.), *China Returns to Africa: A Rising Power and a Continent Embrace*, London : Hurst & Company, 2008.

〔6〕 Ali Askouri, "China's Investment in Sudan: Displacing Villages and Destroying Communities", In Firoze Manji and Stephen Marks eds., *African Perspectives on China in Africa*, Cape Town, Nairobi, and Oxford: Fahamu, 2007. And Kweku Ampiah & Sanusha Naidu (eds.), *Crouching Tiger, Hidden Dragon? Africa and China*, Scottsville: University of KwaZulu–Natal Press, 2008.

〔7〕 Patrick J. Keenan, "Curse or Cure? China, Africa, and the Effects of Unconditioned Wealth", *Berkeley Journal of International Law*, 27 (1), 2008, pp. 83–125. And Joshua Eisenman & Joshua Kurlantzick, "China's Africa Strategy", *Current History*, May 2006, pp. 219–224.

〔8〕 See Felix M. Edoho, "Oil Transnational Corporations: Corporate Social Responsibility and Environmental Sustainability", *Corporate Social Responsibility and Environmental Management*, 15, 2007, pp. 210–222; also Felix M. Edoho, "State–Corporate Alliance: Ramifications for Corporate Social Responsibility and Sustainable Livelihood", *African Journal of Business and Economic Research*, 3 (1), 2008, pp. 8–40.

〔9〕 Walden Bello, "China Eyes Africa: The New Imperialism?", *Multinational Monitor*, 28 (1) Jan/Feb, 2007, pp. 23–26. And Rotberg Robert I. (ed.), *China into Africa: Trade, Aid, and Influence*, Washington: Brookings Institution Press, 2008, p. viii.

〔10〕 李安山:《为中国正名：中国的非洲战略与国家形象》，载《世界经济与政治》2008 年第 4 期，第 6–15 页。

〔11〕 吴磊、卢光盛:《关于中国–非洲能源关系发展问题的若干思

考》，载《世界经济与政治》2008年第9期，第52-58页。

〔12〕［加］沙伯力、严海蓉：《非洲人对于中非关系的认知》（上、下），载《西亚非洲》2010年第8期，第69-72页，2010年第11期，第51-59页；唐彦林：《美国对中国在非洲软权力的评估及启示》，载《西亚非洲》2010年第5期，第24-30页。

〔13〕张忠祥：《试析中国对非洲外交中的不干涉内政原则》，载《西亚非洲》2010年第1期，第11-16页。

〔14〕熊文弛：《人权、援助与发展问题——以非洲国家为例》，载《世界经济与政治》2010年第8期，第77-97页；贺文萍：《中国援助非洲：发展特点、作用及面临的挑战》，载《西亚非洲》2010年第7期，第12-19页。

〔15〕罗建波：《中国与西方国家的对非洲外交：在分歧中寻求共识与合作》，载《世界经济与政治》2009年第4期，第26-35页。

〔16〕［加］沙伯力、严海蓉：《非洲人对于中非关系的认知》（下），载《西亚非洲》2010年第11期，第51-59页。

〔17〕关于多米尼克·莫伊西对希望、恐惧和屈辱这三种情感在国际政治中作用的介绍，参见［法］多米尼克·莫伊西：《情感地缘政治学：恐惧、羞辱与希望的文化如何重塑我们的世界》，姚芸竹译，新华出版社2010年版。

〔18〕"Ghana to host media summit to re-brand Africa for a brighter future", *Ghana News Agency*, 3 August 2006.

〔19〕以中国国际广播电台为例，截至2013年5月5日，其海外整频率广播电台已达90家，遍及五大洲50个国家，数量仅次于英国广播公司，但在地域分布上明显北高南低：欧美约40家，而整个非洲仅13家。参见《中国声音响起来——中国国际广播电台国际传播能力建设纪实》，载《光明日报》，2013年5月6日第12版。

〔20〕王慧芳：《中国在非洲的软实力建设及其对中非关系的影响》，载《渤海大学学报》（哲学社会科学版）2008年第5期，第104页。

〔21〕Meine Pieter Van Dijk, *The New Presence of China in Africa*, Amsterdam University Press, 2009.

〔22〕Kenneth King, "China's Cooperation with Africa, and Especially South, in Education and Training: A Special Relationship and a Different Approach to Aid?" *Journal of International Cooperation in Education*, 13 (2), 2010, pp. 73-87.

〔23〕德国国际发展基金专门培训发展中国家和转型国家的专业和领导人员。培训时间一般为3至24个月，课程系统，形式多样，与实践相结合，注重评估。另外，他们的培训课程结束后，还会为项目参与者提供经验交流和知识更新服务，目前借助功能越来越丰富的互联网平台用于其后续服务，这也扩大了该项目的可持续发展和影响力。参见德国国际发展基金（DSE），http://www.dse.de/。

〔24〕《统计报告估计中国十年间援助非洲达750亿美元》，2013年05月08日，载《中国新闻网》，http://www.chinanews.com/gn/2013/05-08/4795911.shtml，2020年12月7日。

〔25〕Ralph M. Wrobel, "China's role on the international markets for natural resources: implication for sustainability and growth in less developed countries", paper presented at *the Congress of Political Economists International Annual Meeting*, 12-19 July 2008, New Delhi, p. 11. Quoted in "African Perspectives on China-Africa Links" by Barry Sautman and Yan Hairong, *The China Quarterly*, 199, 2009, p. 758.

〔26〕Simon Rabinovitch, "China moves up value chain in Africa", *FT.com*, 28 Mar, 2012.

〔27〕洪永红：《靠不住的西方对非‘口水援助’》，载《人民日

报》，2007 年 5 月 8 日，转引自 http：//news. cctv. com/world/20070508/100368. shtml，2020 年 12 月 7 日。

〔28〕See Walden Bello，“China Eyes Africa：The New Imperialism?”，*Multinational Monitor*，28（1），Jan/Feb 2007，pp. 23–26；罗建波：《中国对非洲政策与国家形象塑造》，载《天津行政学院学报》2008 年第 5 期，第 18–22 页。

〔29〕Lynne Muthoni Wanyeki，“Oil Wars Are Coming to Africa”，*East African*，February 28，2006.

〔30〕程曼丽、王维佳：《对外传播及其效果研究》，北京大学出版社 2011 年版，第 85 页。

〔31〕“Ghana to host media summit to re-brand Africa for a brighter future”，*Ghana News Agency*，3 August 2006. 转引自［加］沙伯力、严海蓉：《非洲人对于中非关系的认知》（下），载《西亚非洲》2010 年第 11 期，第 57 页。

〔32〕贺超：《BBC 纪录片抹黑中国形象，在非洲煽动反华情绪》，载《环球时报》，转引自 http：//world. huanqiu. com/article/qcakrnJsEWS，2011 年 10 月 10 日。

〔33〕Emma Mawdsley，“Fu Manchu versus Dr Livingstone in the Dark Continent? Representing，China，Africa and the West in British broad-sheet Newspapers”，*Political Geography*，Vol. 27（5），2008，pp. 509–529.

〔34〕See Lucy Corkin，“Book Review（*China Safari*：*On the Trail of Beijing's Expansion in Africa* by Serge Michel and Michel Beuret，New York：Nation Books，2009.）”，*The China Quarterly*，206，2011，pp. 430–431；also Alex Vines，“China in Africa：A Mixed Blessing?”，*Current History*，May 2007，pp. 231–219.

〔35〕［美］戴维·迈尔斯：《心理学》，黄希庭等译，北京：人民邮

电出版社 2006 年版，第 316 页。

〔36〕“China offers training programme for Asian，African journalists”，*BBC Monitoring Asia Pacific*，[London] 13 Oct. 2010.

〔37〕[加] 沙伯力、严海蓉:《非洲人对于中非关系的认知》(下)，载《西亚非洲》2010 年第 11 期，第 52 页。

〔38〕罗建波:《中国对非洲政策与国家形象塑造》，载《天津行政学院学报》2008 年第 5 期，第 18-22 页。

第七章
中国故事与国际话语权

21 世纪以来，随着中国经济的复兴，西方国家将中国视为挑战者，散布“中国威胁论”、“国强必霸论”以及各种“陷阱论”。在这一背景下，讲好中国故事，传播好中国声音成为提升我国国际话语权的核心议题。为了讲好中国故事，我们一方面需要遵循对外传播的基本规律，另一方面需要基于文化自信争取自己的国际话语权。

一、讲中国故事要有受众意识

受众是传播链条上的关键一环。传播学中的“使用与满足理论”强调了受众在传播过程中的主动参与，开启了学者对受众的动机、期望、行为等的探索。要实现传播效果，自然要考虑到受众在传播过程中的参与，它主要表现为受众对信息的不同传播形式（比如声音、文字、图像），以及传播内容的偏好。在很大程度上，这种偏好遵循“传播学之父”——美国学者威尔伯·施拉姆（Wilbur Schramm）提出的公式：选择的或然率=报偿的保证÷费力的程度。因此，讲中国故事想要吸引受众，我们提供的信息最起码应符合“满足需要”和“接收便捷”这两个标准。

1. 满足本土化需要

首先要满足本土化的资讯需要。只有了解并满足受众的需求，我们传递的信息才有可能被选择。受众的需要千差万别，但并非无规律可循。熟悉可以提升亲和感，人们倾向于选择熟悉的事物。什么是受众熟悉的？自然是与他们有关的。与他们相干的，更容易变成他们的兴趣点。有学者归纳了海外受众的几大整体特点：大多数受众只关心与自己有关的国内事件，即使关注国际问题，关注的也是直接与自己的利益、与自己国家的安全有关的事件。[1] 一如 CNN 国际台的总裁克里斯·克拉默所言：“旅居海外的美国人只占 CNN 国际台受众的 1.5%，98.5%的外国观众要求我们的节目跟他们的生活相关。”[2]

迄今为止，我国对外传播取得了不少成就。新华社海外分社遍布全球，可以同时用英文、法文、西班牙文、俄文、阿拉伯文和葡萄牙文发稿；中央电视台的中文国际频道、英语频道、西班牙语频道、法语频道的信号也遍布五大洲。但问题在于，有些地方我们只是“落地”了，却没能“入户”。很大原因在于我们想把自己认为优秀的内容传递出去，但没有找到有效的方式增强内容的亲和力。有研究指出，我国电视台的国际频道在非洲市场受限的一大原因，就在于节目缺少“非洲”，缺少“非洲视角”。比如有被调查对象表示：“为什么 CCTV 法语频道很少关注非洲法语区的情况呢？”[3] 中国国际广播电台的一项调查发现，不少受众选择外国频道的原因，是希望能在其中看到有关两国双边关系的讯息。这些调查表明，对外传播需要多从本地化的视角出发来设置新闻议程和信息内容，先告诉对方“他们想知道的”，等他们选择了我们，才能有效地去说“我们想让他们知道的”。

其次要满足本土化的民生需求。在“走出去”战略的推动之下，我国企业对外直接投资规模不断扩大，已经在全球的投资中占据越来越重要的地位。截至 2013 年，我国境内投资者已对全球 156 个国家和地区的 5090 家境外企业进行了直接投资，非金融类对外直接投资累计达到 5257 亿美元。正是在这个背景之下，中国故事不能仅仅满足于在台下说，还要走到台前去说，也就是要有直接的行动。说得好，自然就能吸引受众的目光，成为信息焦点。我们的跨国企业除了做好自己工作以外，也可以为传播好中国形象、讲好中国故事做出力所能及的贡献。

中国路桥公司在印尼修建泗马大桥的时候，免费为当地医院维修道路、为村庄改建供水管道、修建小学、开办露天影院等，赢得当地民众好评。《印度尼西亚商报》《印尼国际日报》《爪哇邮报》《雅加达邮报》等都竞相报道泗马大桥的“中国元素”。中石化公司在伊朗通过开办技术培训班，设计“我们的场所”（OUR PLACE）青年发展社会责任品牌项目，在教育、医疗、社区和环境等方面提供无偿援助，资助阿达克斯基金会等，为中国积累“人气”。而中石化公司与伊朗的合作，通常也都能获得伊朗国家电视台、伊朗英语新闻电视台、法尔斯通讯社、麦赫尔通讯社和《德黑兰时报》等多家伊朗媒体的声援。

满足本地化的需求，正是为了提高“施拉姆选择或然率公式”中的分子：报偿的保证。当受众获得的报偿越大，分子越大，选择相应信息渠道的可能性也就越大。

2. 提供便捷渠道

“接收便捷”指向的是选择或然率公式中的分母：费力的程度。显而易见，受众感到接收越费力，分母越大，他们选择相应信息渠道的可能性就越小。在上文提及的非洲调查中，很多被调查对象表示，选择外国电视台的另一大原因是他们具有简单、便捷的落地渠道，比如当地都可以方便地接收到 France 24，并且 TV5 是免费的。这显示了为受众提供便捷的信息接收渠道的重要性。便捷首先指的是信号落地，容易接收；其次，要善于借助当地的平台，多进行传播渠道本土化的尝试和创新。就视听信号落地来说，这属于硬件的拓展，正如前文所言，我们已取得不错的成绩，目前已经形成边境城市覆盖周边国家（如新疆电台、电视台节目在吉尔吉斯斯坦、乌兹别克斯坦、哈萨克斯坦、土耳其等多个国家落地；广西电视台与泰国、越南、菲律宾、印尼等国电视台联合举办“中国广西电视展播周”等）、中央媒体在全球搭台的立体态势。尽管我国对外传播的“落地入户”工作依然艰巨，但已出现新的契机。因经费问题，英法媒体在非洲的传播能力正在“缩水”，而非洲媒体界已经明显感受到中国通过传媒手段加强中非联系的强烈意愿。

但另一方面，由于语言和文化的差异，大部分受众还是倾向于通过本国媒体了解他国信息，[4] 最相信和最依赖的也是本国媒体，这主要是受到节目关联性、收看习惯的继承（继承父母）、接收方便等因素的影响。因此我们也不能只求落地覆盖率，还需善于“借台唱戏”。大量研究证实，在不少受众中都存在收视继承效应，即一定比例的受众在一档节目结束后会继续收看之后的节目，而无论之后的节目内容是什么。这种继承效应源自对频道的忠诚，受众对自己喜欢的频道有持久的偏爱和不加思考的追从，认为它提供了最好的内容组合，频道因此成为受众最喜欢的综合选择。有鉴于此，我们可以考虑通过购买国外电台电视台的频道、频率和时段，插入我们的节目，这类实践效果颇佳。我国 CCTV-NEWS 的新闻及专题节目在新加坡、巴基斯坦、泰国等当地频道播出后，都有不错的收视成绩；利比里亚的孔子学院借助当地受众广泛的利比里亚大学 LUX 广播电台，加入“人民汉语”的广播讲座，推送汉语和中国国情介绍，激发了当地民众对汉语以及中国的认知兴趣。

此外，还可以借助与国外合办晚会或媒体项目、向国外销售影视广播节目等多种形式，全方位展示中国形象，传播中华文化。比如我国投拍的纪录片《故宫》被译成 6 种语言，在 100 多个国家签约出售；纪录片《舌尖上的中国》第一季已经远销海外60多个国家；动画片《三国》也已销往近30个国家和地区。

同时，跨国企业、驻外机构人员，也需要敢于、勤于、善于走到当地媒体的聚光灯前，以自信、开放的姿态讲好中国故事。

3. 减少文化折扣

除了满足本地化的需要，提供便捷的信息渠道之外，对于对外传播而言，文化是个很重要的变量。人类的交流不仅取决于记忆，还取决于认知、符号的相互作用以及特定语言的文化规范等因素。外国的媒介产品能否获得新的受众，取决于媒介文化以及相关文化纽带和语言是否相近，只有相近的语言或纽带才能建立共同的理解背景。如果缺少这种背景，跨文化传播在很多时候就会产生“文化折扣（culture discount）”。外国受众的习惯、兴趣、期待和理解程度，可能与国内受众有很大不同，因此需要采用不同方式并重视新闻的选择和表述。

那么在跨文化传播中，如何有效扩大共同的理解背景？这首先需要考虑信息的类别。

依据信息对受众的不同心理效果，媒介内容可以分为：指导或教育型的信息，强调知识的传授；维持型的信息，以新闻为主；复原或刺激型的信息，以文体娱乐内容为主。

先看第三类信息，复原型或刺激型的信息主要包括轻松、兴奋和刺激的内容，一般具有文化折扣度低、非政治性等特点，主要指向的是文化的器物层面。比如娱乐节目、体育竞赛，渲染情感的文字、歌曲、舞蹈和戏剧等。跨境文化贸易多以此类文化信息为主，因为它能让受众群最大化。有社会学家认为，这些信息可以帮助人们宣泄被压抑的情绪，所以大多数人都喜欢刺激性的信息，这些信息也更容易跨越文化边界。比如，虽然欧盟总想打造一统欧洲的强大传播影响力，并且几乎具备所有有利于国际化的物质条件和环境因素，但迄今为止，欧洲媒体还没有形成所谓泛欧洲的受众群，可能只有 MTV 欧洲台算是例外。风靡全球的好莱坞也是以娱乐和爱情内容为主，这些东西更易引起受众的共鸣。就我国而言，比如武术类文化产品，因采用的是人类共通性较高的肢体语言，所以容易突破文化障碍，只是我们需要多开拓、多创新这类文化资源的运用形式，不能仅限于影视作品，还可以从出版、教育、医疗、研习、竞赛、旅游等方面多面向、多层次地将此类文化推向国际受众。

前两类信息需要学习新的和复习已有的知识与经验，主要指向文化的制度和哲学观念层面。霍斯金指出，这类信息带有很强的文化特殊性，在跨文化环境中，受众要投入很大精力去认知和理解这类信息，它不仅牵涉语言的翻译，还涉及概念、语义甚至理念的转换，因此会产生较高的文化折扣，所以这类信息在跨境文化贸易中缺乏竞争力。但这类文化信息又是最具有标识性和生产力的，是民族文化的内核，能给文明间的互动带来积极的创造力，此类文化的跨境流动非常必要。因此，为了减少文化折扣，可以考虑多培育和多借助有多元文化背景的“跨文化交流之桥”，比如懂汉语又了解中国传统文化的外国人士。

孔子学院已为100多个国家培训本土化汉语教师20多万人次。这些本土教师对本民族文化有深入的了解，在教授汉语时能够更好地融合本民族文化，让汉语更为妥帖地植入本土语言学习土壤之中，避免外籍教师在教学过程中可能产生的文化盲点，从而更好地表现语言的相通性。荷兰莱顿大学教授施舟人等汉学家将《五经》翻译成九个语种；美国华盛顿大学康达维（David R. Knechtges）教授主持翻译《中华文明史》等；清华大学加拿大籍教授贝淡宁已经在普林斯顿大学出版社编辑出版了多部著作，推介阎学通、朱苏力等中国著名学者的学术观点。他们作为跨文化之桥，可以避免强加式的客位感。实现跨文化传播的“去中心化”，即不是寻找两种文化中精确的语言对照，而是借助传播者的文化知识，找到两种文化的等价表述，这能有效减少跨文化传播的文化折扣。

总之，在向受众传递信息的时候，要考虑到受众的需要，建立便捷的信息接收渠道，还要尽量契合受众已有的理解语境。正如很多学者所谈及的，我们要用外国人听得懂的语言介绍中国，也就是要采用对方容易识记和理解、符合对方思维习惯的话；或者说，需要创制共同的认知背景和逻辑，否则，我们传递的信息就会成为冗余信息，甚至会产生误解和冲突。中国要走出去，关键不仅在于铺设硬件，更在于创新软件；不在于提高嗓门，而在于柔化声音，使之悦耳动听。这样我们传递的信息才能入耳、入脑、入心。

二、话语、话语权与话语霸权

在国际传播中，除了遵循基本的传播规律，还需要面对话语权问题。话语用来表意，可一旦话语用以构建认同，并使人自愿跟从或被迫服从，话语就具有了影响他人的权力。在米歇尔·福柯（Michel Foucault）看来，知识是以真理的形式为权力辩护的，而反过来，权力又在不断地为知识确定形式，处处皆是知识，处处皆是权力，但是，“如果没有话语的生产、积累、流通和发挥功能的话，这些权力关系自身就不能得到建立和巩固”。[5] 所以在权力的多种运作方式之中，福柯认为，最明显也最难以辨识的就是话语，它构成了一般文化实践的基础部分，传播着权力的影响，在整个现代社会体系中，话语成了权力的替代品。就像权力是一种知识一样，权力的实践也就是一种话语的实践，权力的支配关系就是话语的支配关系，争得话语支配权也就意味着在权力的支配关系中处于支配的一方。[6] 福柯对话语与权力关系的这一诠释也可以视为现代国际话语体系的一种真实写照，既得利益团体在努力“维权”，新生利益团体则需要努力争权。

当然，话语权，不光指说话有人听，还包括对方的认同，以及自愿传播或乐于接受说话人的理念。因为掌握了各种符号资源的人，往往左右着一个群体的意识形态，后者恰恰是群体成员个人信仰的基础，也是最终形成一种主流话语的基础，他们以此使自己拥有的话语权力得以再生。同理，在国际环境中，话语权指一国拥有的对国际事务、国际事件的定义权（即表意，比如美国将“9.11 事件”定义为恐怖袭击事件），对各种国际标准和游戏规则的制订权（建构认同），以及对是非曲直的评议权、裁判权（提供普适价值或者进行道德绑架）。[7] 显然，掌握话语权的一方希望按照自己的话语方式、话语逻辑在国际事务中“指点江山”，从而获得优势地位和主动权，最终维护本国利益。

话语权跟一个国家的软实力紧密相关。根据约瑟夫·奈的观点，软实力是指让他人做你想让他做的事情并获得预期结果的能力。荷兰语言学家托恩·范迪克（Teun A. van Dijk）认为，如果我们可以让他人去做我们希望的事情，那么我们就控制了他们，即拥有了对他们的权力。[8] 从这个角度来说，话语中的权力，就是有权力的参与者对无权力的参与者的参与度进行控制和限制的能力，比如通过控制话语参与者及其所扮演的角色，从而控制其话语行为的情境，包括谁可以到场，谁可以说或听，谁必须去说以及怎样说等等。就形式而言，控制有直接和间接两种。直接控制主要体现为强制力，例如命令、恫吓等；间接控制包括劝说性的权力和霸权。后者基本上不会让无权的一方感受到明显的压力，特别是霸权，其主要是通过教育、信息争夺、传播媒介和许多其他的公共话语形式，使人们的行动变得似乎理所当然、符合规范和正确正当。

话语霸权还有另一个面向，即打压、扭曲其他各种形式的话语诉求、话语表达。通常，掌握国际话语权的一方所采取和倡导的行动比较容易获得国际支持，并可以借助国际舆论压力对缺乏话语权的国家实行“道德绑架”。比如20世纪90年代的“银河号”事件，美国在事件之初就企图利用自己的话语霸权封堵中国；又如在哥本哈根世界气候大会上，美国亦想利用宣传策略，将自己塑造成负责任的减排大国转而指责他国不负责任。

当前，话语权问题已被提升到一个新的高度，从全球背景来看，这是国际新秩序发展的内在需要。“一超多强”的时代已经动摇，这预示着我们将要进入“G零时代”。国际秩序面临新的更迭，全球金融危机、欧债危机、新兴工业国家的崛起等等一系列国际新形势都宣告了旧的国际秩序将不得不重新洗牌，一些过去被动服从已有国际话语体系的国家，自然有参与国际新话语体系建构的需求。

就中国而言，我们面对的问题是，中国的经济地位显著上升，特别是中国在最近两次国际金融危机中的出色表现，以及2011年后中国又一跃成为全球第二大经济体，但与之形成鲜明对照的是，中国的国际话语权依然比较微弱。这是因为话语权并不会随着国家实力和国际经济地位的上升就自然扩大。看看日本，多少年的全球第二大经济体，但它在国际上只能对美国亦步亦趋，没有什么国际话语权可言。因此，实力能带来国际行为体的关注，但要真正提升国际话语权，还需要更多努力。

有欧洲学者认为，一个国家的实力并不能像约瑟夫·奈描述的那样作泾渭分明的软硬切分，它其实是一个连贯的续谱；续谱的一端是强制力，另一端是文化、价值观的吸引力和说服力，中间是利益或经济诱因。中国目前正处在中间位置。中国目前的软实力更像是硬实力的软方面，是建立在经济—政治发展成果上的。欧洲国家关注中国，不是受到中国软实力的吸引，而是希望通过与中国打交道获得经济利益和政治利益。

就此而言，在突破西方国家的国际话语霸权，提升自身的国际话语权上，我国还有很长的一段路要走。

三、文化自信与国际话语权

要想在国际话语体系中从被动应对走向主动参与，从边缘走到中心，首先需要创新精神。这是在一个既定的国际秩序中，几乎所有处于上升期的国家都需要的。要创建新的话语体系，就需要突破旧有的体系。既有的话语模式是我们思考问题、看待国际关系的起点，所以我们回应西方大国质疑的时候往往难以突破他们那套话语体系，真要破之，难度近乎创造一门新的语言。要发声，先要适应对方的说话方式，但我们的创新精神就可能被束缚了手脚。就连“北京共识”的概念都是由美国高盛公司高级顾问乔舒亚·库珀·雷默提出来的，用以指称中国通过艰苦努力、主动创新和大胆实践，摸索出的一套适合本国国情的发展模式。

化被动为主动的关键，或许在于改变“讷于言而敏于行”的传统观念。依照美国人类学家爱德华·霍尔（Edward Hall）的研究，[9] 中国所属的东方文化属于高语境文化，在交流过程中说话人的言语不多，但隐含的信息量很大，或者话里有话，需要听话人领悟说话人的言外之意。基辛格在《论中国》中多次提到中国语言的这一特点。而像欧美所属的西方文化是低语境文化，在交流过程中说话人尽量用明确的语言表达自己的观点，强调能言善辩。高语境文化的交流方式对交流双方背景的同质性、交流环境的单纯性要求很高，所以在国际的跨文化环境中，采用低语境的交流方式更容易沟通、更少产生误解。比如，中国认为自己该做的事情做到了，该尽的责任尽到了，剩下的该由对方“从中悟道”。但这种方式要行得通，需要两个前提：一是对方的确能够理解这种高语境的表达方式；二是没有第三方释放干扰信息。但是，第一个前提受限于人们对文化差异的宽容力、敏感力和理解力，受限于基于国家利益、国家间关系等产生的知觉与错误知觉。第二个前提在现实中基本不存在。所以建构中国的国际话语权，需要早言、多言、善言。

涉及中国的信息，中国政府要做第一发言者。中国要通过各种渠道去说，所谓嬉笑怒骂皆成“文章”；而且要善于发挥与广大发展中国家的共识与合作传统来“借台唱戏”，善于“让别人唱我们的戏”。比如2007年5月，中美战略经济对话举行前夕，时任中国国务院副总理的吴仪在《华尔街日报》上发表了题为“推进中美贸易互利共赢”的文章，批评美国政界部分人士的贸易保护主义立场，收到良好效果，这是“借台唱戏”的成功范例。再比如2010年世界媒体峰会组织亚非青年记者培训班，安排了一些非洲记者首次走进中国，让他们亲历中国、感受中国。这些记者回国后写了不少客观介绍中国的文章。这是“让别人唱我们的戏”。总之，早说、多说、会说，自然也就会有人乐意听。

上文讨论的从被动服从转变成主动建构，旨在突破在国际话语场域中我们遭到的围困，下文要讨论的则是确立中心，建立自己的“根据地”，即通过对自身软实力的建设，吸引他人主动跟随，自愿传播我们的价值理念，其关键是“自信”。约瑟夫·奈认为，软实力代表一个国家在文化、制度和意识形态方面对他国民众的吸引力。这种吸引力的前提是一个国家对自己的文化、制度和意识形态等方面的自信。如果连自己都“厌弃”自己，何谈对他人的吸引力？比如土耳其，从凯末尔时代开始实行“脱亚入欧”政策，在政治、宗教、文化等方方面面“去伊斯兰化”。其结果有目共睹，土耳其迄今都未被欧洲接纳，而阿拉伯世界也对其持排斥态度。正如亨廷顿所言，一个国家要发展，离不开其“母国文明”，否则就可能成为一个“自我撕裂”的国家。[10]

中国发展到今天所积累的经验也表明，融入世界格局的同时有必要坚持自身的独特性。不过，很长一段时间以来，我们似乎对自己的“文明价值”不够自信。

事实上，面对绵延几千年的中华文明，我们有丰富的优秀思想可以汲取，比如重和、人本的理念，既具有民族特性又具有国际共性，我们应善于并敢于输出这些优秀的精神文化。

就制度文化而言，“中国道路”所代表的稳健发展道路已经引起中东、拉美、非洲一些国家的关注。这些国家也在努力探索让自己走出困境的发展道路，中国的发展经验为他们提供了可资借鉴的选择。中国几十年的发展成就有目共睹，有丰富的经验可循。对此，我们宜有序推进“内引”模式，这将有效地影响目标国的知识精英、政治精英等精英群体，他们在传播一种知识体系或者话语模式时的作用可能是普通大众难以企及的。

一言以蔽之，讲好中国故事，在复杂多变的国际局势面前，既要知道“套路”，遵循相应的传播规律；又要创新思路，积极争取国际话语权；还要坚持和平发展道路，努力构建和而不同、美美与共的文明导向的世界秩序。

注释

〔1〕杨正泉：《对外经济报道探析》，载刘洪潮主编：《怎样做对外宣传报道》，北京：中国传媒大学出版社 2005 年版，第 179-180 页。

〔2〕“CNN Gives U. S. , World Audiences Different Views”, *Wall Street Journal*, April 11, 2003.

〔3〕李宇：《从宣到传——电视对外传播研究》，北京大学出版社 2013 年版，第 196-198 页。

〔4〕程曼丽、王维佳：《对外传播及其效果研究》，北京大学出版社 2011 年版，第 85 页。

〔5〕［法］米歇尔·福柯：《权力的眼睛：福柯访谈录》，上海人民出版社 1997 年版，第 228 页。

〔6〕强世功:《乡村社会的司法实践知识、技术与权力——一起乡村民事调解案》，载《战略与管理》1997 年第 4 期，第 110 页。

〔7〕参见檀有志:《国际话语权竞争：中国公共外交的顶层设计》，载《教学与研究》2013 年第 4 期，第 62-70 页。

〔8〕Teun A. Van Dijk, *Discourse studies: a multidisciplinary introduction*, SAGE Publications, 1997, p. 17.

〔9〕[美] 爱德华·霍尔:《超越文化》，何道宽译，北京大学出版社 2010 年版。

〔10〕[美] 塞缪尔·亨廷顿:《文明的冲突与世界秩序的重建》，周琪等译，北京：新华出版社 2009 年版，第 119-134 页。

第八章

新媒体时代的国际话语权竞争

外交博弈本无常形，无论是冷战时代还是后冷战时代，合作抑或竞争均属常态，大国之间的公共外交当然也不例外。美国学者埃坦·基利波（Eytan Gilboa）把冷战模式视为公共外交的三种基本模式之一，[1] 美苏所代表的两大阵营运用传播、信息、心理、艺术等各种工具相互攻防，在政治、经济、军事、文化等领域展开各种烈度不同的对抗，彼此竞争对本国、对方国家或者第三国的民众和政策的影响力。这种被英国外交政策学者马克·莱昂纳德（Mark Leonard）等人所界定的竞争型公共外交，[2] 一直延续到后冷战时代的当今世界。哪里有潜在或明显的国家利益与发展利益冲突，哪里就有竞争型公共外交，比如美俄在全球、中美在亚非拉、美欧在中国、中日在东南亚等等。其中，美俄之间的竞争型公共外交尤其显眼，这很大程度上是因为，两国之间的不信任并没有随着冷战的结束而消失，反而随着美国一贯坚持挤压俄罗斯的国际空间而呈现愈演愈烈之势。

尽管今天中美俄之间的关系格局已经非常不同于冷战期

间，但随着秉持构建人类命运共同体理念的中国逐渐走向世界舞台的中心，美国与俄罗斯如何在发生争端时在中国开展公共外交进而争取中国社会的支持，正在变成一个非常值得研究的议题。进入21世纪以来，除了传统的国际广播竞争，美俄之间还在中国社交媒体上直接交锋，充分利用信息技术，竞争对中国社会的影响力。下文将首先简要概括竞争型公共外交的研究框架，进而通过解剖美国与俄罗斯驻华使馆的新浪微博这只“麻雀”，深描两国在华公共外交的竞争状态，剖析两国微博竞争背后的外交博弈，并探讨两国公共外交竞争的效果。

一、竞争型公共外交博弈

21世纪以来，学术界愈加强调以合作理念为主轴的“新公共外交”，[3] 竞争型公共外交一直未获充分研究。本文以“public diplomacy”为关键词在Sage数据库进行检索，筛选后得到符合条件的文章68篇，包括8篇书评。其中，只有约十篇文章直接或间接讨论了某种竞争型公共外交的情形，主要议题有二。其一，在冲突、战争特别是反恐战争中，国家之间，尤其是美国与对象国之间如何通过媒体公共外交（mediated public diplomacy）展开竞争。比如美国与塔利班在巴基斯坦的媒体竞争中，[4] 阿拉伯世界的卫星电视新闻对美国的曝光度、所选议题的重要性等因素如何影响民众对美国的态度，[5] 如何通过反美报道激发反美情绪[6] 等。

其二，俄罗斯、伊朗等国家如何通过公共外交“挑战”美国及其所代表的西方世界。赫尔·戴尔（Helle Dale）等人探讨了中国、俄罗斯和其他国家如何在和美国竞争全球受众影响力上创新形式、增加投入；[7] 伊利亚·亚布罗科夫（Ilya Yablokov）通过分析“今日俄罗斯（Russia Today）”在美国的节目，认为俄罗斯把阴谋论作为竞争美国受众的工具；[8] 迈克尔·布斯塔曼特（Michael Bustamante）等人讨论了古巴如何把自己塑造为美国的受害者而开展公共外交。[9]

我国学者对竞争型公共外交的探讨也寥寥无几。以“公共外交”为题在知网进行检索，有1019篇论文，其中只有十几篇明确论及竞争型公共外交，主要以唐小松等人的研究为代表。唐小松把莱昂纳德的竞争型公共外交模式，用于分析中国对东盟、对“一带一路”沿线国、对韩国、对俄罗斯等国家与地区的公共外交。[10] 另外，史泽华等人分析了韩日就“慰安妇”问题在美国的竞争状态；[11] 黄忠分析了中国和美国在拉美的竞争状态；[12] 李德芳分析了中国和美国、日本在太平洋岛国的竞争状态[13] 等。但是，竞争型公共外交在这些文章中基本都只是附带议题，往往不是在系统理论指导下的专门研究。

近年来，公共外交研究越来越频繁地援用心理学和传播学的理论资源。以色列学者本·墨（Ben Mor）借用社会心理学中的印象管理与自我呈现理论分析以色列与巴勒斯坦，[14] 以及以色列与土耳其的竞争型公共外交[15]。国家就像一个人一样，需要采取不同的自我呈现策略来塑造自己在

"观众"心中的"预期印象"。如果"预期印象"受到削弱或强化，国家就会出于趋利避害的目的想方设法"操控"观众对事件后果和责任归属的判断。

与传统理论相比，"新公共外交"理念更强调双向交流，[16] 更重视受众的作用。以前传播学的魔弹理论（The Magic Bullet Theory）认为媒介信息只要到达受众就能产生影响。现代传播学则主张受众的主体意志至关重要，受众未必按照传播者的原意理解信息，他们会进行某种"意义协商"，即把信息纳入个人的解释和关系框架进行解读。[17] 因此，公共外交的效果，很大程度上取决于目标国受众深嵌在文化中的信念体系是否受到充分重视。[18]

此外，拉乌夫·阿里夫（Rauf Arif）等人主张，依靠互联网进行信息传播虽然很便利但不应过度偏重，人际传播在某些情境下仍然非常重要。[19] 这说明，"两级传播"在互联网时代仍有其价值，这种人际影响理论认为，意见领袖会把从媒体获得的一手信息和自己的解读一并传递给其他人。[20] 在互联网时代，现实生活中的邻里、朋侪，以及网络空间中的"大V"（即在微博上经过实名认证，拥有大量粉丝的高级账号），都是这种发挥着"两级传播"功能的意见领袖，他们往往比官方信息更能左右普通人的意义世界，因此也在信息时代的公共外交活动中备受重视。

二、美俄在华"微博公共外交"的竞争策略

截至2017年12月，中国网民规模已达7.72亿，普及率

达到55.8%，总量居世界第一。因此，很多国家和国际组织在中国网络平台上开设微博账号，向中国网民宣传自身事务和本国政策，由此展开了一场“微博公共外交的阵地战”。[21]目前已有几十个国家的使领馆在新浪微博上注册了六十多个微博账号。

美国和俄罗斯在中国的“微博公共外交”竞争已逾十年。美国驻华大使馆于2010年5月19日在新浪开通微博，截至2017年12月，在7年半的时间里，发表博文18895篇，拥有120多万粉丝，位居所有外国驻华使领馆微博账号粉丝量之首。俄罗斯同样非常重视中国网民，俄罗斯驻华大使馆于2011年12月1日开通新浪微博，截至2017年12月，共发文4423篇，粉丝量超过17万。2014年马航M17坠机事件发生后，俄罗斯驻华使馆微博针对中国网民发起投票活动，他们希望借此观察中国网民对这一事件的态度和倾向。随着网络平台逐渐成为中国民众获取国内外信息的重要渠道，对于美国和俄罗斯来说，微博都不是单纯的政务窗口，而是彼此展开激烈公共外交竞争的没有硝烟的战场，这为本文分析两国公共外交竞争策略提供了条件。

为了观察美俄两国公共外交的关键竞争点及其倾向性，探究两国希望向中国受众传达一个什么样的“他”和“我”及其相应策略，本文首先运用关键词检索法，在美国驻华使馆微博以“俄罗斯”为关键词进行检索，截至2017年12月11日，共获得样本博文64条；在俄罗斯驻华使馆微博以“美国”为关键词进行检索，获得样本博文共169条。然后对各样本博文进行了关键词词频分析。

图 8-1　俄驻华使馆新浪微博涉美博文关键词云图

图 8-2　美驻华使馆新浪微博涉俄博文关键词云图

图 8-1 和图 8-2 是两国使馆样本博文关键词词频分析的结果。首先，俄罗斯驻华使馆微博上涉及美国的博文主要与乌克兰危机相关，在 169 条样本博文中，“乌克兰”共出现

76次，是除“俄罗斯”与“美国”两词之外词频最高的。与乌克兰危机相关的“基辅”与“克里米亚”也较为显见。此外，具有分析意义的词如“斯诺登”“普京”“制裁”“金砖”亦比较凸显。一些非政治性的词如“音乐节”“影片”“网球”“普希金”“莎拉波娃”等也很突出（见图8-1）。

按照自我呈现理论的说法，在竞争环境中，如果一方的国际形象陷入险境，为了避免受到责难，他们通常会对事件进行辩解、否定或者重构。[22] 2014至2015年间，围绕克里米亚事件而形成的乌克兰危机导致俄罗斯在西方世界备受非议，乌克兰危机因此成为俄罗斯自我呈现的核心事件，俄罗斯需要争取中国这个重要国际关系行为体的理解。在俄罗斯对乌克兰危机的自我呈现中，美国主要扮演了两类角色。

一是谴责对象。2014年7月23至24日，俄罗斯驻华使馆以“为什么美国需要乌克兰危机”为醒目标题连发7篇博文，还有4篇内容类似但未使用该统一标题的博文，指责美国挑拨战事，意图浑水摸鱼、渔翁得利。这些博文无一例外都引发了中国网民的热议。其中一条引发7230条评论，转发12979次，获赞662次。一条获1502条评论的类似战斗檄文的博文指出，“目前美国的行动表明，美国想让乌克兰和俄罗斯爆发军事冲突，然后把欧盟拖入这一冲突中……其目的是把俄罗斯及其欧洲邻国先后拖入自相残杀的冲突中去。这不全是为了削弱俄罗斯，更多是为了削弱欧盟的地位。”其下有一条评论：“这到底是不是使馆官微啊？这是赤裸裸的指责啊，相当于俄国政府直接公然发布官方信息指责美国政府挑起战争啊”。该条评论获赞 238 次。二是合作对象。2014 年 4 月 11 日、18 日以及 5 月 7 日俄罗斯驻华使馆发布的三篇典型博文都表示，为了解决乌克兰危机，俄罗斯、美国和欧盟应该合作。但总体而言，俄罗斯呈现该事件的基调是将美国视为幕后黑手，这也说明展示对手的负面形象是自我呈现的重要策略之一。

与“乌克兰危机”相关的是“制裁”一词，因为西方世界对俄罗斯发起了新一轮制裁，相关博文谈及这一议题的基调是俄罗斯对此毫无畏惧，还会“以牙还牙”。“普京”一词多次出现在针对乌克兰危机等事件的声明中，这是为了增强使馆博文的权威性与说服力。2014 年 11 月 20 日的一篇博文指出：“俄罗斯总统普京说，美国并不想侮辱俄罗斯，而是想让它服从，但是，从来都没有人能得逞，也永远不会得逞。”该博文获 245 条评论、157 次赞及 369 次转发，这是样本中涉“普京”博文中反馈最热烈的一篇。“斯诺登”是俄罗斯剑指美国的利器，在涉及美国的博文中被多次提及，不过这类博文并未引发中国网民的兴趣，评论量大多只有十次左右。涉及“金砖”的样本博文多为普京呼吁金砖国家一道“反美”，比如如下博文标题：“普京呼吁金砖国家抵制西方的‘迫害’”“金砖开发银行将向美国金融霸权发出挑战”“俄美关系危机将赋予金砖国家发展推动力”等。

从样本博文的整体态势来看，非政治性的关键词主要出现在 2013 年之前与 2016 年 5 月之后。2012 年的样本博文基本都在谈“体育”，2016 年 5 月之后的样本博文基本都在谈

“文化”。这些关键词的转换说明了什么，后文将进一步分析。

再来看一下美国驻华使馆官微推送的涉及俄罗斯的 64 条博文，主要与“叙利亚（阿萨德）”“伊朗”“北朝鲜”相关，这三个词都位于词频统计的前十名。“乌克兰”仅出现了 5 次，排在词频统计的第 30 位（仅两条博文，其中一条博文中出现了 4 次）。除此之外，关于航天航空的博文比较突出，比如“太空”、“空间站”、“宇航员”、“发射”以及“NASA”等都较为显见（见图 8-2）。而在俄罗斯驻华使馆微博的样本博文中，“叙利亚”排在词频统计的第 30 位；“伊朗”与“朝鲜”各出现了 1 次。

总体来看，美驻华使馆的涉俄博文比俄驻华使馆的涉美博文温和得多。除了针对叙利亚、朝鲜和乌克兰各有一篇博文指责俄罗斯之外，其他博文的基调是倡导美国与俄罗斯在叙利亚、伊朗、朝鲜和乌克兰事件中进行政治与军事合作。

根据自我呈现理论，在竞争型公共外交中，一方往往采用凸显自身信誉的策略来强化自身正面形象。[23] 在终止叙利亚内战、促进伊朗和朝鲜半岛无核化等方面，美国在国际舆论中自我呈现的是“承担国际责任的道义形象”。因此，在这类事件中，美国没有贬损俄罗斯，反而呼吁合作，以提升自己的国际信誉。例如 2015 年 7 月 27 日的博文：“我们和其他 6 个国家共同达成了协议，其中五个是我们的朋友和盟国……中国，俄罗斯，德国，法国和英国……他们像我们一样认识到威胁……怀着信念认为我们能够……追踪**伊朗**的项目，知道他们在做什么，并追究他们的责任”；2016 年 5 月 3 日的博文：“我们与国际叙利亚支持小组的所有成员，以及特别是与俄罗斯一道，参与一项…旨在恢复停止敌对行动……的努力……”以及 2017 年 9 月 20 日的博文：“……联合国安理会最近两次以 15 票对 0 票一致通过了对北朝鲜进行严厉打击的决议，而且我想感谢中国和俄罗斯同安理会其他所有成员一道投票赞成实施制裁……”这类博文通常也能引起中国网民的兴趣，评论都超过百条。就俄罗斯而言，叙利亚、伊朗和朝鲜议题并非涉及俄美关系的关键议题。

在美驻华使馆所有样本博文中，引发反馈热潮的是 2015 年 11 月 6 日的一条博文：“在俄罗斯圣彼得堡一个很不起眼的大楼里，数以百计的工作人员在‘因特网研究机构’中不分昼夜地倒班，每班工作 12 小时。但与其名称恰恰相反，这里所从事的主要是造假而非研究——在这里，他们秘密地设置了数以千计的伪造的社交媒体账户，以蛊惑公众舆论来反对西方。”该博文末尾还附了一篇以“人们想问却又不敢问的有关‘网络巨魔’的事实真相”为题的长篇博客。该博客试图以内幕报道的形式，向受众揭示俄罗斯如何伪造各种社交媒体账号、混淆视听、虚假宣传。该博文被转发 6120 次，获赞 2137 次，在被评论 530 条之后，[24] 管理人员将其设置为禁止评论。这类博文带有典型的“宣传战”色彩，在美驻华使馆涉俄样本博文中很少出现，在俄驻华使馆涉美样本博文中比较常见。但这类博文并不一定能在网民中引起预期的正面反馈，否则美驻华使馆也不会将该条博文设置为禁止评论。这些博文会在多大程度上影响中国网民的“判断”，下文将予以分析。

三、“微博之战”与美俄的外交政策

从两国使馆的“微博战”来看，俄罗斯进攻性更强，美国表面上更温和。表8-1说明，就发文比例而言，两国使馆的涉中国议题旗鼓相当。但涉对方议题表明，俄罗斯更把中国视为与美国争夺受众的“战场”，这与两国外交政策的定位密不可分。

表8-1　两国使馆涉对方和涉中国的博文数据统计

(截至2017年12月11日)

国别	涉“俄罗斯”博文数量及占总博文比例	涉“美国”博文数量及占总博文比例	涉“中国”博文*数量及占总博文比例
美驻华使馆微博(共18895条)	64（0.3%）	——	3272（17.3%）
俄驻华使馆微博(共4423条)	——	169（4%）	729（16.5%）

*涉及中国的博文数量是以“中国”或“北京”为关键词在两国大使馆微博进行检索，所获得的数量去掉中国和北京同时出现的重复博文，即减掉以“中国+北京”为关键词的博文数量的结果。

美国很早就意识到信息技术革新对外交场域的影响。奥巴马上台后提出了“新媒体外交”和“全民网络外交”理念，非常重视发挥社交媒体的公共外交功能。[25] 美驻华使馆虽然并非第一个在华设立新浪微博账号的驻华使馆，但目前在粉丝数和发帖量上都首屈一指。曾任美驻华使馆新闻发言人的理查德·布安甘（Richard Buangan）的说法反映了美国对微博公共外交的重视：美国把微博视为中国人讨论意见、分享信息的首选平台，希望微博成为美国对中国公众的公共外交窗口，通过提供美国政治、文化、历史、价值观以及美中关系的时事，以期影响庞大的潜在受众。有研究指出，美国驻华使馆微博不仅与中美关系的总体变化保持同步，不少议题还试图呼应中国的国内时政和网络舆论焦点。[26] 可见，美驻华使馆微博不仅旨在让中国受众了解美国社会，还不失时机地试图影响中国网民对中国政府的态度，[27] 甚至希望干预中国的互联网政策和发展。[28] 因此，美国没有选择在微博外交这个竞争场域中跟俄罗斯针尖对麦芒，而是希望把自己打造成一个“道义担当者”，来“以柔克刚”。

与之相反，俄罗斯以美国为靶标的意图非常明显。在普京政府的领导下，俄罗斯希望提升对国际新闻和通讯渠道的控制权，扩大俄罗斯的国际影响力，同时遏制美国的影响力。2005 年 12 月开播的“今日俄罗斯”（Russia Today）已在全球形成针对美国的竞争之势。有关学者研究认为，“今日俄罗斯”在美国是收视率较高的外国电视频道之一，并在美国视频网站上成为首个点击量过百万的电视新闻频道，同时在全球100多个国家拥有6.3亿观众。[29] “今日俄罗斯”的议题设置以反美议题为轴心，希望在美国受众和全球受众心目中颠覆美国的正面形象。[30] “后苏联时期的俄罗斯以明确的反美立场取代了苏联时期的意识形态之争，在非议美国的群体中获得了不少支持”。[31] 总之，“今日俄罗斯”常将美国描述为阴谋家，将自己描述为与美国或西方霸权斗争的勇士。本文研究发现，俄罗斯针对美国的博文也采用了同样的策略。

这种定位的确与俄罗斯的外交战略和国内民情相呼应。2013年《俄罗斯联邦对外政策构想》第13条明确指出，“当代全球竞争表现为文化竞争，民主和市场经济原则背后是不同的价值取向和发展模式之间的竞争。”第15和20条公开谴责美国无视联合国安理会的权力，以保护平民之名武力推翻主权国家，滥用“软实力”和人权理念对主权国家施加政治压力，干涉其内政，破坏其内部稳定。第20、38和41条强调俄罗斯将广泛运用新信息通信技术，运用影响外国社会舆论的有效手段，将俄罗斯在主要国际问题上的立场、行动和外交倡议等方面完整准确地传达给国际社会，让自己获得世界各国的客观认知，并通过提供必要的国家支持提高俄罗斯媒体在全球信息空间的地位。相关统计显示，2012年俄罗斯精英群体将美国视为威胁的比例仅为48.1%，2016年这个数字迅速攀升至80.8%。[32] 这样来看，俄罗斯驻华使馆微博剑指美国的意图就很容易理解了。俄罗斯认为，俄罗斯在当今国际场域直接且全面地受到西方尤其是美国的包括舆论、话语在内的各种压力，亟待重塑俄罗斯的国际地位。[33]

前文曾经提到，2012 年俄驻华大使馆的样本博文基本都在谈体育，2013 年后外交态度明显转向强硬，这个变化说明普京在第三个任期中形成了新的俄罗斯外交构想。从 2013 年开始，俄罗斯公共外交更加注重争夺国际话语权，彰显国家主体性。2016 年 5 月后，俄驻华使馆的样本博文基本都在谈文化，呈现出柔和的战略转向，这与 2016 年 4 月底特朗普作为共和党候选人的身份逐渐明朗并于 5 月 26 日基本锁定提名之间似乎存在某种相关性。2016 年 11 月 9 日，特朗普在美国总统竞选中胜出后，俄驻华使馆微博即刻推送一条博文："普京总统祝贺特朗普赢得美国大选，并希望能与特朗普进行共同工作，使俄美两国关系走出危机。"这是奥巴马 2012 年 11 月 6 日竞选连任成功后所没有的"礼遇"。这说明俄罗斯希望在特朗普任内调整俄美关系。俄罗斯外交人员也公开表示，理解特朗普需要平衡来自国会的压力，希望两国总统能有机会认真会谈，找到解决两国之间现存问题的路径。[34] 就此而言，微博在一定程度上成了探察两国关系的晴雨表。

四、美俄竞争型公共外交的效果

美俄两国"微博公共外交"的竞争策略不同，一方主打正面塑造、另一方主打负面竞争，一方温和示人、另一方咄咄逼人，但是这种差异可能只是形式而非实质上的。这是因为，在竞争型公共外交中，双方的主要目的不是双边协调、谈判、合作，而是竞争针对受众或第三方的说服力、解释力和正当性。[35] 事实上，一个国家要想在网络空间开展公共外交，当然都少不了引导公共舆论，影响情感倾向，构建心理认同。那么，就整体倾向而言，俄罗斯“战斗檄文”式的博文和美国“道义共情”式的博文，哪一种更能引发积极的情感共鸣，获得更多的正向情感呢？本文对两使馆样本博文评论数超过100的博文进行了情感极性分析，并提供了样本示例（见表8-2）。

表8-2　两使馆新浪微博博文评论情感极性示例

	2017-8-8	2017-8-1	2017-4-14	2015-12-15	2012-3-14
美国	安理会在中俄协作下一致决议针对朝核计划采取措施。	国会全票赞成制裁俄，望俄改善与美关系。	安理会就叙化武问题决议草案表决，俄投反对票。	指责俄的网络造假行为。	呼吁中俄强硬对待阿萨德政府。
评论*	评论数 109 正面 17% 负面 51%	评论数 199 正面 18% 负面 38%	评论数 187 正面 13% 负面 45%	评论数 209 正面 1% 负面 68%	评论数 112 正面 6% 负面 69%

续表

	2014-11-2	2014-7-24	2014-7-23	2014-7-17	2012-7-16
俄罗斯	普京说，美并不想侮辱俄，而是想令其服从，这不会得逞。	美以行动表明，想让俄罗斯与乌克兰爆发军事冲突，再把欧盟拖入其中。	指责国际媒体对乌克兰危机的报道不实，就像希特勒把其入侵波兰说成防止波兰侵略德国。	普京在金砖峰会上反对美国及其盟友对“异见”国家的“迫害”。	俄罗斯联盟号宇宙飞船搭载来自俄、美、日的宇航员飞往国际空间站。
评论	评论数 142 正面 28% 负面 35%	评论数 770 正面 38% 负面 47%	评论数 1558 正面 6% 负面 89%	评论数 143 正面 10% 负面 76%	评论数 183 正面 3% 负面 85%

*评论统计中的评论数为去除原评论中的广告和回复“@XXX”等与博文无关的私人骂战后的数量。支持博文或者使馆立场的赋值为“正面”，反对博文或使馆立场的赋值为“负面”，与该博文或使馆立场无关的赋值为 0。

总体而言，只有政治热点议题才会引发网民热议，议题“对抗性”越强，热议度越高，这种相关性在表 8-2 中俄罗斯两个关于乌克兰的议题和美国指责俄罗斯网络造假的议题上最为明显。相对而言，文化、体育、经济类议题很少引发人们的兴趣，评论数多为十几或几十。在政治议题上，无论是“战斗檄文”式的还是“道义共情”式的博文，所获的情感支持没有本质差异，基本都以负面情感为主，这很大程度上与网民的政治观念相关。

由于受众在理解信息的时候会进行“意义协商”，他们总是依据自己所在群体的主流文化、社会与政治信念、态度及规范来诠释信息，所以任何国家的公共外交活动都无法指望受众完全按照各国自身意愿来理解信息。[36] 个体对国际关系的认知基调是一种长期形成的情感倾向，包括对国家间关系的观念、对特定国际事件或行动的情感反映等，[37] 通常伴随个体的政治社会化而形成，一旦形成就非常稳定，除非国际局势发生重大变化，一般不会轻易改变。这类观念既“顽固”又简单。在遇到相关国家的信息时，它会自动跳出来发挥“过滤”作用。比如，网民喜欢在评论俄罗斯使馆博文时讨论中俄历史上的领土争端；在俄罗斯将乌克兰危机比作德国对波兰的入侵时，指责俄罗斯“贼喊捉贼”。网民喜欢在评论美国使馆博文时讨论美国的“上帝选民”定位问题；在美国谴责巴黎恐怖袭击时，指责美国双重标准。这在很大程度上可以解释两国旨在影响中国网民的博文无法获得预期效果的原因。

就网络用户而言，个体判断还受少数“微妙而又决定性地影响着网络政治”[38]的“微博大V”的影响，它展示了意见领袖如何在网络空间发挥“两级传播”功能。这在一定程度上也佐证了现代社会的个体交流比大众传媒更能影响人们的态度。[39] 转载或获评较多的博文通常都是因为“微博大V”的“助推”。比如“俄罗斯指责美国借乌克兰事件意图把欧盟拖入这一冲突”的博文在获“@司马南”转发后，又被转发了174次。再如“俄罗斯把乌克兰事件比作希特勒入侵波兰"的博文，被波兰前驻华大使"@巡回大使霍米茨基_ Amb_ Chomicki"回应后又获6717次转发，然后某微博大V转发后又获458次转发等等，在此不一一列举。这些网络大V的基调往往决定了博文情感极性的基调。作为意见领袖，他们把自己的"好恶""传染"给了普罗大众。美国非常重视知名博主的影响力，原因大概就在于此。

最后，在表8-2中，俄罗斯关于金砖国家和空间站的两条博文为何获得如此一致的负面评论？特别是空间站的那篇博文，属于非政治博文，通常不会引起网民的兴趣。分析评论内容，可以发现这两篇博文有些"不合时宜"。2014年7月17日的热点议题是马航空难，俄罗斯却在谈金砖合作，所以大量网民在评论区让俄罗斯就马航事件作出说明。2012年7月16日，"俄罗斯炮击进入日本海俄罗斯专属经济区的中国渔船，造成恶劣后果"，俄罗斯却在谈空间站议题，所以大量网民在评论区指责俄罗斯炮击中国渔民。这表明，对于突发的危机事件应利用新媒体"即时"处理，避免错失"自我合理说明"的良机，进而陷入被动应对的窘境。

尽管"新公共外交"的理念更注重对话与合作，但竞争型公共外交依然是各国处理彼此关系的常用手段，社交媒体为这种竞争提供了新的场域，各国都希望借此影响受众。但是，即便有信息技术的助力，基于双重标准的露骨"宣传战"往往适得其反，[40] 这是因为经历了政治社会化的受众通常对这种形式有着某种本能的反感，公共外交主体需要充分理解深嵌于目标国家文化的民众信念体系。当然，公共外交主体仍然可以借助新媒体塑造正面形象，通常那些不针对第三方的双边或多边合作以及文化、经贸、科技类的信息，尽管获评有限，但情感倾向都较为积极。同时，如果能够影响网络公众人物的态度，借助他们的“两级传播”功能，往往可以事半功倍。此外，竞争型公共外交也是危机应对外交的重要形式，对于可能损及本国形象或引发争议的议题，充分发挥新媒体的“即时性、互动性”等特点，早发声、多发声，可以达到增信释疑的良好效果。不过，无论何种形式的公共外交，单纯增加文字与图像的跨国流动“量”不一定带来理解，反倒可能导致反感和曲解，只有从“质”上提升自身形象或增进对他国的理解，才是更好地理解和处理国际关系的关键。

注　释

〔1〕Eytan Gilboa, “Searching for a Theory of Public Diplomacy”, *The Annals of the American Academy of Political and Social Science*, Vol. 616, 2008, pp. 55–77.

〔2〕Mark Leonard, *Public Diplomacy*, The Foreign Policy Center, 2002, pp. 23–25.

〔3〕这一趋势，可参见 E. Potter “Canada and the New Public Diplomacy,” *International Journal*, Vol. 63, No. 1, 2003, pp. 43 – 64; R. Vickers, “The New Public Diplomacy: Britain and Canada Compared,” *British Journal of Politics and International Affairs*, Vol. 6, 2004, pp. 182 – 94; Nicholas Cull, “Public diplomacy: Seven lessons for its future from its past”, *Place Branding & Public Diplomacy*, Vol. 6, No. 1, 2010, pp. 11–17；郑华:《新公共外交内涵

对中国公共外交的启示》，载《世界经济与政治》2011 年第 4 期，第 143-153 页等。

〔4〕Rauf Arif, Guy J Golan and Brian Moritz, "Mediated public diplomacy: US and Taliban relations with Pakistani media", *Media, War & Conflict*, Vol. 7, No. 2, 2014, pp. 201-217.

〔5〕Fahmy S, Wanta W, Nisbet E, "Mediated public diplomacy: Satellite TV news in the Arab world and perception effects", *International Communication Gazette*, Vol. 74, No. 8, 2012, pp. 728-749.

〔6〕Erik C. Nisbet, Matthew C. Nisbet, Dietram A. Scheufele and James E. Shanahan, "Public Diplomacy, Television News, and Muslim Opinion", *International Journal of Press/politics*, Vol. 9, No. 2, 2004, pp. 11-37.

〔7〕Helle C. Dale, Ariel Cohen, and Janice A. Smith, "Challenging America: How Russia, China, and Other Countries Use Public Diplomacy to Compete with the U. S. ", *Backgrounder*, No. 2698, 2012, pp. 1-16.

〔8〕Ilya Yablokov, "Conspiracy Theories as a Russian Public Diplomacy Tool: The Case of Russia Today (RT) ", *Politics*, Vol. 35, No. 3-4, 2015, pp. 301-315.

〔9〕Michael J. Bustamante and J. E. Sweig, "Buena Vista Solidarity and the Axis of Aid: Cuban and Venezuelan Public Diplomacy", *Annals of the American Academy of Political & Social Science*, Vol. 616, No. 1, 2008, pp. 223-256.

〔10〕参见唐小松:《论中国公共外交的两条战线》，载《现代国际关系》2007 年第 8 期，第 42-46 页；唐小松、唐丽娜:《中国对东盟的公共外交：现状、动因与方向》，载《东南亚研究》2017 年第 4 期，第 38-51 页；唐小松、张自楚:《中国对周边"一带一路"沿线国家的公共外交》，载《教学与研究》2016 年第 6 期，第 50-58 页；黄忠、唐小松:《中国对韩公共外交评析》，载《现代国际关系》2016 年第 3 期，第 40-48 页；唐

小松、程帅:《中国对俄罗斯公共外交评析》，载《社会科学》2017 年第 7 期，第 18-25 页。

〔11〕史泽华、陈欢:《公共外交中的价值整合及其限度——以韩国就“慰安妇”问题对美公共外交为例》，载《东北亚论坛》2016 年第 6 期，第 26-35 页。

〔12〕黄忠:《新形势下中国对拉美国家的公共外交》，载《拉美研究》2015 年第 2 期，第 60-66 页。

〔13〕李德芳:《中国开展南太平洋岛国公共外交的动因及现状评析》，载《太平洋研究》2014 年第 11 期，第 26-34 页。

〔14〕Ben D. Mor, “The rhetoric of public diplomacy and propaganda wars: A view from self-presentation theory”, *European Journal of Political Research*, Vol. 46, 2007, pp. 661-683.

〔15〕Ben D Mor, “The structure of rhetorical defense in public diplomacy: Israel's social account of the 2010 Turkish flotilla incident”, *Media War & Conflict*, Vol. 7, No. 2, 2014, pp. 250-265.

〔16〕Nicholas Cull, “The long road to public diplomacy 2.0: The internet in US public diplomacy”, *International Studies Review*, Vol. 15, 2013, pp. 123-139.

〔17〕[英] 丹尼斯·麦奎尔:《受众分析》，刘燕南、李颖、杨振荣译，北京: 中国人民大学出版社 2006 年版，第 125-126 页。

〔18〕Filippos Proedrou and Christos Frangonikolopoulos, “Refocusing public diplomacy: The need for strategic discursive public diplomacy”, *Diplomacy and Statecraft*, Vol. 23, 2012, p. 739.

〔19〕Rauf Arif, Guy J Golan and Brian Moritz, “Mediated public diplomacy: US and Taliban relations with Pakistani media”, *Media, War & Conflict*, Vol. 7, No. 2, 2014, pp. 201-217.

〔20〕［美］希伦·洛厄里、梅尔文·德弗勒:《大众传播效果研究的里程碑》，刘海龙等译，北京：中国人民大学出版社 2009 年版，第 56-57 页。

〔21〕参见王国华、杨腾:《境外主要政府机构、政要及国际组织在华“微传播”研究——以新浪微博为例》，载《情报杂志》2013 年第 6 期，第 24-28 页。

〔22〕Ben D. Mor, “The rhetoric of public diplomacy and propaganda wars: A view from self-presentation theory”, *European Journal of Political Research*, Vol. 46, 2007, pp. 661-683.

〔23〕Ben D. Mor, “The rhetoric of public diplomacy and propaganda wars: A view from self-presentation theory”, *European Journal of Political Research*, Vol. 46, 2007, pp. 661-683.

〔24〕该博文只能下载 212 条评论，说明使馆对评论进行了删减，而目前大使馆微博页面已对该博文的转载和评论做了权限设置。

〔25〕何宗强、李婷:《美国网络外交效用分析：以奥巴马政府对伊朗网络外交为例》，载《国际论坛》2012 年第 2 期，第 32-38 页。

〔26〕参见应健:《微博外交：驻华外国使领馆网络公众外交研究》，复旦大学 2012 年硕士学位论文，第 21、24、25 页。

〔27〕参见林青、杨腾飞:《基于案例分析的国外在华“微传播”政府应对研究：以新浪微博为例》，载《情报杂志》2014 年第 12 期，第 114-119 页。

〔28〕程桂龙、刘新华:《从“应急防御”到“常态进攻”——美国对华公共外交的转变》，载《南京政治学院学报》2014 年第 1 期 ，第 59-65 页。

〔29〕谢晓光:《普京时代俄罗斯公共外交政策评析》，载《当代世界与社会主义》2016 年第 3 期，第 170 页。

〔30〕Helle C. Dale, Ariel Cohen, and Janice A. Smith, "Challenging America: How Russia, China, and Other Countries Use Public Diplomacy to Compete with the U. S.", *Backgrounder*, No. 2698, 2012, pp. 1-16.

〔31〕Ilya Yablokov, "Conspiracy Theories as a Russian Public Diplomacy Tool: The Case of Russia Today (RT)", *Politics*, Vol. 35, No. 3-4, 2015, pp. 301-315.

〔32〕张建:《俄罗斯国际观的新变化及其特点、原因和影响分析》,载《国际观察》2017 年第 1 期,第 118 页。

〔33〕该观点来自 2017 年 12 月 20 日外交学院对俄罗斯使馆工作人员的访谈。

〔34〕该观点来自 2017 年 12 月 20 日外交学院对俄罗斯使馆工作人员的访谈。

〔35〕Ben D Mor, "The structure of rhetorical defense in public diplomacy: Israel's social account of the 2010 Turkish flotilla incident", *Media War & Conflict*, Vol. 7, No. 2, 2014, pp. 250-265.

〔36〕Gary D. Rawnsley, "Public Diplomacy and International Broadcasting in Contemporary Russia and China", *Politics*, Vol. 35, No. 3-4, 2015, pp. 273-286.

〔37〕[加] 郝拓德、[美] 安德鲁 · 罗斯:《情感转向:情感的类型及其国际关系影响》,柳思思译,载《外交评论》(外交学院学报) 2011 年第 4 期,第 40-56 页。

〔38〕陈雪飞:《网络政治的知识图景:评〈数字民主的迷思〉》,载《公共行政评论》2017 年第 6 期,第 199-206 页。

〔39〕Nancy Snow, "Valuing Exchange of Person in Public Diplomacy", in *Routledge Handbook of Public Diplomacy*, edited by Nancy Snow and Phillip Taylor, Routledge, 2009, p. 240。

〔40〕Tsan-Kuo Chang and Fen Lin, "From propaganda to public diplomacy: Assessing China's international practice and its image, 1950-2009", *Public Relations Review*, Vol. 40, 2014, p. 450-458.

第九章

信息时代国际话语的政治修辞

政治修辞是指政治主体围绕政治利益，运用政治语言技巧，尝试说服受众，达到某种政治目标的修辞过程，通常伴随信息传输、情感表达与社会控制等。[1] 20 世纪中期以来，随着大众传播工具的迅速发展，民众对国际事件的兴趣不断增加，决策者愈加希望对大众传媒建立某种合理的控制机制。冷战期间，美苏所代表的两大阵营都很注重运用大众传播工具控制信息，以影响本国、目标国或者第三国的民众和政策，美国学者埃坦·基利波（Eytan Gilboa）称之为“公共外交的冷战模式”。[2] 21 世纪以来，互联网新媒体为各国借助政治修辞技艺实现“软社会控制”、谋求国际受众认可提供了更广阔的舞台，这推动了修辞理论的发展。新媒体信息源更多、受众更多、传播速度更快、互动性也更强，不同主体常常在同一事件上“现场”辩论、竞争话语权。以色列学者本·莫尔（Ben Mor）把社会心理学的自我呈现理论融入政治修辞策略，将这一现象称为“竞争型自我呈现”，为新媒体时代的政治修辞带来了新的理论视角。

一、信息时代的政治修辞

以亚里士多德为代表的古典修辞学家认为，修辞是用严谨的逻辑语言进行“说服”的学问，旨在规劝听众，使之在理念和行动上服从修辞者。政治修辞只是限定了修辞主体、内容和目的的政治性，但仍然使用借代、隐喻、排比、引用等常用修辞手法。国家领导人的公开演讲往往是政治修辞的集中地，比如小布什、克林顿等在公开演讲中使用“邪恶轴心”“颜色革命”等隐喻，制造了“民主与专制”“自由与压迫”等二元话语；[3] 普京则善于使用比喻、排比、重复等修辞手法，在俄美话语博弈中强化发言效果；[4] 中国领导人在阐发治国理政思想时也善用政治修辞，力图让政治表达引人入胜。[5] 除了领导人的公开演说，大众传媒也是政治修辞的用武之地。

公共外交凸显了大众传媒的作用。政府官员认识到可以借助媒体和记者影响外交政策的制定，向其他国家传播信息，塑造公众舆论。[6] 政策制定者专门利用大众媒体向他国受众发送信号、施加压力、建立信心、谋求支持，也就是基利波所说的“媒体外交”。[7] 在媒体外交中，新闻修辞为提高新闻的表达效果而对语言形式进行选择和加工，以求既传播新闻信息又实现政府的外交目标，[8] 因此具有鲜明的政治修辞色彩，即“以政治事件为内容，以争夺政治权力为核心，以政治说服为目标”。[9] 比如，俄罗斯借助大众传媒和政治修辞与西方国家争夺国际话语权；[10] 西方媒体在对华报道中常常通过夸张和比喻手法设置“修辞陷阱”等等。[11]

随着信息技术的日新月异，越来越多的学者开始关注如何利用新媒体平台影响受众，“数字外交”与“新媒体外交”让公共外交步入新阶段，它们在推进公共外交[12]、促进国家间合作[13]、提升国家形象[14]等方面发挥着愈加重要的作用。在这一背景下，政治修辞的目标从增强演讲对受众的影响转向争取网络受众，[15] 尤其是让国外受众接受其政治主体的政治正当性，相信其政治行为正当合理、合乎道义从而自愿服从。[16] 为了探究信息时代网民的心理认同机制，本·莫尔创造性地将社会心理学中的自我呈现理论融入“宣传战”的修辞术，借以分析巴以双方的官方网站如何通过呈现冲突事件争夺国际受众，特别是争夺美国受众心目中的“正当性”。[17] 德国学者克雷奇莫（Lisa-Maria Kretschmer）则用莫尔的自我呈现框架阐释巴以双方的推特修辞策略。[18] 莫尔这一创造性的理论融合，可以更好地展现在攻击与防御的互动情境中，[19] 各相关方对自身所处情境的认知、对修辞策略和应对策略的选择，为分析信息时代的竞争型修辞策略提供了新的理论视角。

二、自我呈现的修辞战略与策略

自我呈现（Self-Presentation）是通过调整自身行为从而在他人心目中塑造出某种特殊形象的过程。[20] 在社会交往中，为了营造有利于自己的环境，人们往往会调节和控制与自己有关的信息。[21] 具体而言，就是将自己放在他人的角色位置，通过设想他人对自己行为的各种可能的反应来决定自己的行为，从而呈现出特定的形象。[22] 戈夫曼（Erving Goffman）将之升华为自我呈现理论，他把社会生活比作高度结构化的戏剧，每个人都是舞台上的演员，人际交往就是参与者的自我呈现。人们为达到“预期形象”在社会互动中对语言和非语言行为的选择，就是对自我呈现的形象管理。[23] 一旦面对自身引发的意料之外或不合时宜的行为，主体就需要提供解释来处理责难、恢复名誉和保持形象。[24] 作为一种集体身份（Collective Identities），国家和个体一样，也有形象管理需求。[25] 一个国家在国际上的形象是其“本体形象”和“他者形象”的有机统一，既需要塑造自己的积极形象，更需要获得他国的理解和认同。话语往往是连接“本体”与“他者”的桥梁，我们都希望通过这个桥梁影响“他国”的认知主体，使之参与到“他者形象”的建构中。一国在国际上呈现的形象，通常是在“自我”与“他者”的话语博弈中建构并传播开来的，[26] 在信息时代更是如此。那么，我们什么时候会有强烈的形象管理需求呢？

对自我呈现进行形象管理通常源于两种动力。其一是趋利避害。为了避免惩罚、获得奖励，在形象受到威胁或有望提升的情境中，人们会想办法影响、操控其他主要行为体对事件的责任界定及对后果的印象。其二是为了获得社会权力。让他人认为自己具有某种特殊身份，这种身份有说服或强制的效力。[27] 莫尔用身份因素来整合二者，将自我呈现视作为了获得社会权力而引导人们产生某种身份归因的行为，行为体一旦成功建立了所需要的身份，就会在“身份受威胁的情况”下设法防止身份受损，并在“身份获提升的情况”下维护身份。具体而言，如果一个行为体的行为导致人们对其产生负面归因，或其对手的行为会让人们产生正面归因时，行为体的身份就可能面临威胁；相反，当行为体的行为会令人们产生正面归因，或者当对手的行为导致人们产生负面归因时，行为体的身份就可能获得提升[28]（见表9–1）。

表9–1　竞争背景下身份困境的决定因素[29]

	负面归因	正面归因
自我行为	自我身份受威胁的情境 （自我形象困境）	自我身份获提升的情境 （自我形象提升）
对手行为	自我身份获提升的情境 （对手形象困境）	自我身份受威胁的情境 （对手形象提升）

在每种情境下，行为体都有相应的修辞策略来进行解释、引导舆论。在自我身份受威胁的情境下，一是自我行为产生负面归因，行为体会采用特定修辞避免受人责难；二是对手行为产生正面归因，行为体就会用特定修辞否定对手的可信性。在自我身份获提升的情境下，一是自我行为产生正面归因，行为体则会用特定修辞进一步提升自身的可信度；

二是对手行为产生负面归因，行为体就会用特定修辞进一步责难对方。具体的修辞策略参见表9-2。

表9-2　形象受威胁与形象获提升情境下的修辞战略与策略[30]

情境	战略	策略	典型说法	文本例证[31]
本国形象受威胁的情境				
本国形象困境	逃避责备	否定	"这没有发生"	俄：俄罗斯不可能与乌克兰爆发战争 美：无精确对照案例
		强势切割（在本国行为与负面结果间做切割）	"这与我们无关"	俄：莫斯科与乌克兰的领土损失无关 美：无精确对照案例
		借口	"我们别无选择" "我们没打算……" "我们没有预料到……"	俄：美国……向我们施压，要我们立即交出他（斯诺登）。我们不能这样做，因为所有信息都表明他将被判死刑 美：无精确对照案例
		重构（对同一事件给出与对手不同的解释）	"这是不同的" "它没有那么糟" "其他人做得更差"	俄：联合国安理会的《乌克兰问题决议草案》从一开始就没有依据，乌克兰事件对国际和平与安全并不构成威胁 美：他（斯诺登）对国家造成很大的破坏……事实上，他窃取了大量信息并将其泄露给公众

续表

情境	战略	策略	典型说法	本文例证
本国形象困境	逃避责备	赋予正当性	“这是合法的” “我们是公平的” “我们是好意”	俄：保加利亚首都举行反对乌克兰战争、支持俄罗斯的集会 美：斯诺登被控违法，应被遣返美国
		承认，道歉与补救	“很抱歉” “原谅我们”	无
对手形象提升	否认信度	强势切割（在对手行为与正面结果间做切割）	“他们什么都没做”	俄：俄方对基辅当局没有为与乌克兰东部进行政治对话创造条件表示关切 美：无精确对照案例
		强势重构	“这一定会发生” “这并未取得成就” “这是不同的”	俄：这场战争被描述成乌克兰当局为维护国家完整而战，与事实真相大相径庭 美：“今日俄罗斯”在其国家支持下，全力宣传和歪曲乌克兰正在或没有发生的事情
本国形象获提升的情境				
本国形象提升	提升信度	赋权（赋予自身做某事的权力）	“我们有责任” “正是我们的政策带来这样的结果”	俄：“今日俄罗斯”的目标是填补现有新闻报道的缺失，超越西方主流媒体的狭隘视角，大多数人早就不相信西方主流媒体的报道了。这也是很多包括西方国家在内的观众收看“今日俄罗斯”节目和阅读“今日俄罗斯”报道的原因 美：美国在与盟友的密切协调下，一直在加大对“金政权”的施压，北朝鲜人正向谈判桌走

续表

情境	战略	策略	典型说法	本文例证
本国形象提升	提升信度	强化	“我们付出了很大代价去做……” “我们实现了……”	来俄：在中俄“路线图”背景下，朝鲜半岛局势的变化令人鼓舞。朝鲜迈向无核化的建设性步伐减缓以及该地区军事活动的减少，特别是美国及其盟国计划于8月取消演习，是值得称赞的 美：我们与朝鲜过去一年多取得的进展是真实存在的……他们没再进行任何核试验
对手形象困境	加强责难	关联（将负面后果与对方行为联系起来）	“他们是行动的发起人” “他们要负责任” “他们有选择的”	俄：当斯诺登抵达俄罗斯，美国出于某种原因认定是俄的责任，而奥巴马总统……取消访问莫斯科，这无助于改善俄美关系。我们坚信，在过去几个月里，美国重新安排与欧洲领导人的会晤无助于且实际上阻碍了对问题的公开讨论 美：俄在乌克兰的行动是对人权、自由等基本原则的侮辱。其对克里米亚的占领，损害了其国家声誉、恶化了俄在乌克兰和世界人民心目中的国际地位

续表

情境	战略	策略	典型说法	本文例证
对手形象困境	加强责难	非法化（对方行为）	“他们的行为是非法的”	俄：斯诺登称，美国安局非法收集了 1.2 亿人的信息 美：美不会承认俄 2014 年 3 月 16 日的“公投”和吞并克里米亚的企图，这违反国际法
		强势重构	“这是不同的” “它非常糟糕”	俄：很明显，（美）正在驱逐“今日俄罗斯”和其他俄媒体，这与其倡导的媒体自由自相矛盾 美：（美致力于通过政治手段解决乌克兰危机），相反，俄没有履行任何承诺……它拒绝欧安组织派高级代表前往乌克兰东部的要求，坚持在日内瓦实施分离主义

上述各策略在何种情况下如何发挥作用，下文将结合四个典型案例进行详细分析。

三、美俄的自我呈现修辞竞争

冷战期间美苏对峙争霸，冷战结束后美俄竞争不断并衍生出更多结构性的矛盾，新媒体作为二者新的竞争场域，清晰地展现了两国如何利用自我呈现的修辞策略在对抗事件中进行形象管理。

本文根据预设条件选择了斯诺登泄密事件、乌克兰危机、“今日俄罗斯”的影响以及朝核问题作为典型分析案例，这些事件与美俄的对应关系参见表9-3。

表9-3 美俄身份困境及身份提升的情境

国家	行为	负面归因	正面归因
俄罗斯	自我行为	自我形象困境：乌克兰危机	自我形象提升：今日俄罗斯的影响
	对方行为	对方形象困境：斯诺登泄密事件	对方形象提升：朝核问题
美国	自我行为	自我形象困境：斯诺登泄密事件	自我形象提升：朝核问题
	对方行为	对方形象困境：乌克兰危机	对方形象提升：“今日俄罗斯”的影响

本文所分析的数据取自美俄驻华使馆新浪微博以及两国的官方网站（美国务院网站及俄外交部网站）对相应事件的报道，它们都具有典型的新媒体特征。采集样本概况参见表9-4。具体分析策略与对照案例参见表9-2。

表 9-4　美俄两国分析样本数量统计[32]【截至 2019 年 5 月 20 日】

事件	国家	微博数量（条）	其他官方发言（条）俄外交部/美国务院
斯诺登泄密事件	俄	11	45
	美	无	6
乌克兰危机	俄	327	未采集
	美	10	8
“今日俄罗斯”的影响	俄	20	6
	美	无	7
朝核问题	俄	5	10
	美	40	未采集

1. 斯诺登泄密事件

2013 年 6 月，斯诺登向媒体提供机密文件，致使美国政府包括“棱镜”项目在内的多个秘密情报监视项目曝光，令美国遭遇极大的形象困境，饱受国际社会指责。2013 年 6 月 23 日，斯诺登前往莫斯科避难至今。

关于斯诺登泄密事件，俄驻华使馆微博共有 11 条博文，集中在 2014 年，主要运用“非法化”（4 篇）与“强势重构”（4 篇）的修辞加强对美国的责难，有 3 篇报道只是阐述事件现状，不涉及本文所分析的修辞策略。“非法化”强调美国的行为不合法（例证见表 9-2）。“强势重构”即提供与美国官方不同的解释，指出美国当局所言不实，并认为斯诺登是勇敢的斗士。

但俄外交部对斯诺登泄密事件的报道时间跨度很大，从2013—2018年，有分析意义的样本有45条。这些样本表明，其中一部分报道与俄驻华使馆微博一致，将该事件视为美国的“形象困境”，采用“非法化”（10%）、“强势重构”（12%）与“关联”（20%）的修辞策略，强化对美国的指责，批评美国的行为侵犯人们的隐私权；并结合《马格尼茨基法案》指责美国的双重标准；指出奥巴马因斯诺登事件取消原定与普京的会晤令人遗憾，美国应为该行为的消极后果负责。

此外，超过30%的报道采用“逃避责备”的“借口”策略，强调斯诺登没有合法证件离开俄罗斯，俄罗斯不能明知斯诺登回美国就会面临死刑而置之不理，俄罗斯“别无选择”。另有约12%的博文采用“否定”和“强势切割”策略，明确表示“俄罗斯没有强迫斯诺登留下”“俄罗斯与斯诺登的一切行为无关”……从俄罗斯选择使用这几项修辞策略的动机来看，俄罗斯也在斯诺登事件中感受到了自身的“形象困境”，认为有必要解释自己为什么庇护斯诺登，不是为了他手里的情报，而是“情非得已”，俄罗斯是无辜的，以此谋求国际受众的理解。俄罗斯这种双重策略在其他情境中也很常见，详见后文分析。

美国面临的是由本国民众引发的形象保护困境。不过美国对斯诺登泄密事件（或棱镜事件）的表态很少，大使馆微博未检索到相关信息，其国务院公开信息中也只有6条相关报道，所有报道使用的修辞策略都是“赋予正当性”，即赋予美国行为以合法性，属于典型的逃避责备策略，并强调斯诺登是违法的，他违背雇员誓词、窃取并泄露信息；俄罗斯应在斯诺登事件上与美国进行执法合作。与之相应，他们同样强调棱镜计划的正当性。比如，时任美国国务院发言人柏莎琪（Jennifer Psaki）就在2013年6月10日表示：该计划既保护美国人也保护外国人，旨在履行一个法治民主政府既尊重个体自由又保障人民安全的使命。

美国在斯诺登泄密事件中的有限表态表明其深感窘迫。该事件的确破坏了美国的国际形象，[33] 造成了美国与盟友、伙伴之间难以修复的猜忌与裂隙，参与“棱镜计划”的主要互联网企业则竭力与国家情报项目撇清关系。[34] 但是，各国已经意识到，美国野心勃勃的全球信息监控行径才是世界不再安全的根源。[35] 因此，美国再想声称自己有必要继续掌控全球网络空间治理的主导权，很可能就应者寥寥了。

2. 乌克兰危机

2013年底，为了强化与俄罗斯的关系，乌克兰前总统亚努科维奇中止与欧盟签署双方自2007年以来一直在谈的《联系国协议》，引发大规模抗议活动；2014年3月16日，克里米亚举行全民公投，超过95%的公民赞成克里米亚脱乌入俄，乌克兰局势持续恶化；27日，联合国大会以压倒多数的投票结果通过一项决议，认定克里米亚举行的脱乌入俄公投“违反国际法，破坏了乌克兰的领土完整，是一次不合法的投票活动”，一时令俄陷入舆论困境。

美国很显然把该事件视作俄罗斯形象受损事件，美驻华使馆微博以及美国务院官方报道采用“加强责难”的战略，使用“关联”（35%）和“非法化”（60%）修辞策略，强调俄罗斯要为乌克兰危机负责，俄罗斯要承担支持分裂主义的后果，其行为违反国际法及相应义务。另有5%的报道采用“强势重构”策略，强调美国致力于推进乌克兰的政治进程，俄罗斯则在坚持实行分离主义。西方学者也普遍认为，俄罗斯的侵略是乌克兰危机的主因。[36]

俄驻华使馆微博针对乌克兰事件有约327条博文，主要集中在2014—2015年间，如此密集的发文行为表明，俄罗斯既有压力也有动力去解释这一事件。但通观俄罗斯的修辞策略，其并未被动地将乌克兰事件视为自我形象困境，反倒更倾向于将其视为对手形象困境的事件（见表9-5）。

表9-5　俄驻华使馆微博报道乌克兰危机的修辞策略比较

（共327条[37]）

本国形象困境（26%）				对手形象困境（35.8%）			本国形象提升（17.7%）	对手形象提升（1.8%）	
否定	强势切割	重构	赋予正当性	强势重构	关联	非法化	赋权	强势切割	强势重构
7	5	13	60	35	32	50	58	3	3
2.1%	1.5%	4%	18.3%	10.7%	9.8%	15.3%	17.7%	0.9%	0.9%

俄使馆微博中有一部分博文采用避免本国形象困境的"逃避责备"战略（26%），具体策略包括"否定"、"强势切割"、"重构"以及"赋予正当性"（例证见表9-2）。就"赋予正当性"而言，俄罗斯绝大多数采用"第三方证言"法，即采用来自意大利、欧安组织、联合国等各方观点，尤其是中国的观点[38]，以及乌克兰南部居民的公投活动，来赋予自身行动正当性，这也是所有策略中俄罗斯运用最多的，俄罗斯希望借此建构合法正当的国际形象。[39]

同时，美、欧与俄罗斯在危机爆发后相互指责对方干涉乌克兰内政、对乌施加政治和经济压力，[40] 所以俄罗斯很大一部分博文采用的策略是，将乌克兰危机视为以美国为代表的西方国家的形象困境，继而"加强责难"（35.8%）。大量博文采用"非法化"策略，指责基辅安全部队违反人道主义规范、对人民犯下重罪、使用重型武器、实施违法的"讨伐行动"等。俄还使用"强势重构"策略，展现了不同于欧美的"乌克兰叙事"，比如2014年7月23至24日，连续7条博文均以"为什么美国需要乌克兰危机"为标题，谴责美国挑起战争遏制俄罗斯，并不惜把欧盟拖入其中。还有"关联"策略，强调基辅与支持基辅的美国和欧盟要为乌克兰危机负责，他们纵容恐怖主义活动，毁掉了乌克兰停战的可能性，毁掉了解决乌克兰危机的和平努力。比较典型的博文，如2014年4月14日，俄联邦常驻联合国代表维塔利·丘尔金表示，"如果乌克兰局势继续恶化，责任九成在西方国家的良心上"。

此外，俄罗斯也有一定数量的报道基于本国形象提升（17.7%）与对手形象提升（1.8%）视角处理乌克兰事件。在为乌克兰提供人道救援、倡导政治手段解决乌克兰争端上，俄罗斯集中采用“赋权”策略表明自身需要承担责任。俄罗斯约有6篇报道采用“强势切割”与“强势重构”策略，以降低或消除对手可能获得的良好形象（例证见表9-2）。

俄罗斯这一系列努力，明显旨在通过综合运用各种策略让国际社会认为美国及欧盟对这场危机负有更大责任。[41]

3. “今日俄罗斯”

2005年12月开播的“今日俄罗斯”在全球发起与美国的话语权竞争。作为一家全数字化的俄罗斯电视频道，“今日俄罗斯”开设了英语、俄语、西班牙语和阿拉伯语频道，并在华盛顿、伦敦、巴黎、德里等主要城市设有分社；在全球100多个国家拥有6.3亿观众；在全球最大的视频网站YouTube上，拥有超过50亿的视频浏览量和600万的订阅用户。其已经成为美国观众最多的外国电视频道之一，[42] 冲击了以美国有线电视新闻网（CNN）和BBC为代表的话语垄断格局。

“今日俄罗斯”的议题设置以反美为轴心，希望在美国受众和全球受众心目中颠覆美国的正面形象。[43] 正如英国学者伊利亚·亚布罗科夫（Ilya Yablokov）所言，“后苏联时期的俄罗斯用鲜明的反美立场取代了苏联时代的意识形态之争，在非议美国的群体中获得不少支持”。“今日俄罗斯”

的反美立场及其犀利风格，的确给美国造成极大压力，它揭露了美国对世界很多国家的干预，将美国界定为重大的国际威胁，将俄罗斯塑造成全球抗美领导者。[44]“今日俄罗斯”的国际影响力在美国看来显然是“对手”形象提升的事件，尽管美驻华使馆微博中没有涉及“今日俄罗斯”的信息，但在其国务院为数不多的7条官方报道中，几乎均采用典型的“否认信度”和“强势重构”策略，强调“今日俄罗斯”这种只会歪曲事实的宣传机器与美国秉持自由表达原则的独立媒体不同。这与西方媒体对“今日俄罗斯”的态度如出一辙，如《纽约时报》对“今日俄罗斯”的每篇报道都会在其前面加上定语：“克林姆林宫支持的”，暗讽“今日俄罗斯”是国家宣传机器。[45]

反观俄罗斯，“今日俄罗斯”在国际上的影响力有助于提升俄罗斯的形象，但俄罗斯并未把“提升信度”作为其典型修辞方式，反倒继续运用双重修辞策略。其驻华使馆微博有20条有关“今日俄罗斯”的博文，重在呈现“今日俄罗斯”参与或举办的活动，仅有2篇博文采用“提升信度”策略（例证见表9-2)。不过，从其外交部的6篇官方报道来看，俄罗斯显然是把“今日俄罗斯”的崛起视作以美国为代表的“对手形象困境”事件，主要采用“强势重构”策略，指责美、英、法等国家限制“今日俄罗斯”的行为“双标”，与他们宣扬的媒体自由自相矛盾，并希望建立与西方话语不同的叙事。

“今日俄罗斯”在报道鲜为人知的新闻和涉及美国政府

的国际丑闻方面占据特殊位置,[46] 对其他国际新闻的报道则努力呈现客观立场,[47] 面对西方打压，通过自有媒体平台、其他媒体专访以及西方研究俄罗斯问题的专家学者的调查报告等多种方式予以回击[48]等等，在国际话语权竞争上有不少可取之处。

4. 朝核问题

2006 至 2017 年间，朝鲜先后进行六次核试验，引起一系列地区安全和外交问题，朝鲜半岛局势持续紧张。朝鲜核试验被视为对《核不扩散条约》的挑战。朝、韩、中、俄、美、日共同参与的六方会谈一度被视为解决朝核问题的重要制度安排，但随着 2009 年朝鲜宣布退出会谈，朝核局势几近失控。2017 年朝鲜第六次核试验后，联合国安理会通过对朝鲜的制裁决议。2018 年 4 月，朝韩、朝美开始密切接触，朝鲜在发展核武器方面的态度出现松动迹象。2018 年 6 月 12 日，朝美领导人在新加坡首次会晤，引发国际舆论热议。

于美国而言，促进朝核问题的解决在国际上有助于化解安全风险，提升其国际形象。该议题是美驻华使馆新浪微博报道率较高的，2018 年以来大约有 40 条相关博文，三分之二采用“赋权”策略，三分之一采用“强化”策略。有趣的是，这两个策略之间有一条比较清晰的分界线，即 2018 年 6 月 12 日美朝领导人的首次会晤。在会晤之前，从 2018 年初到 2018 年 6 月，美驻华使馆博文旨在通过“赋权”策略，提升自身制裁朝鲜、施压朝鲜的合法性，表现“我们有责任这样做”“是我们的政策带来这样的结果”（例证见表9–2）。为了争取赋权的正当性，有必要“污名化”朝鲜，例如2018年2月2日的博文提到，“没有任何政权对公民的压制像北韩独裁统治那样彻底或残酷。北韩对核导弹肆无忌惮的追求有可能很快威胁到我们的国土。我们正在为施加最大压力进行宣传动员，以防止那种情况发生。”但“金特会”之后，美使馆博文开始用“强化”策略来表达美国付出了很大代价取得或将要取得某一成就。例如表9–2中2019年1月23的博文：“在与北朝鲜合作……方面，特朗普总统取得了巨大进展……我们一直都知道这将是一个漫长的过程……我们已经做到了这一点。没有核试验在进行，也没有进行过导弹试验。”同时，美国不惜重构朝鲜的形象。2019年2月13日前国务卿蓬佩奥接受哥伦比亚广播公司新闻台采访时说，“北朝鲜的表现非常不同。他们没有破坏也门的稳定，没有破坏叙利亚的稳定，没有进行大规模的暗杀活动……因此美国解决这一问题的方式（也是不同的）”。言外之意是，朝鲜不同于那些“无可救药”的国家，美国对那些国家使用武力，对朝鲜则使用和谈，这显然是为了提升美国与朝鲜合作的正当性。

俄罗斯对待朝核问题的报道依然没有采用单一的自我呈现。综合俄外交部的公开报道及其驻华使馆微博，与朝核问题相关的信息有15条。除一条是2007年的信息，其他都集中在2012年以后。在2018年“金特会”之前，俄罗斯主要采用双重策略，一方面将促进朝鲜半岛无核化当作自身形象提升的事件，采用“提升信度”战略，表示解决朝核问题的有效途径是六方会谈而非武力冲突，俄罗斯一直致力于促成六方会谈，以此“赋权”俄罗斯“介入”朝鲜问题。俄罗斯希望重振对朝鲜的影响力，并牵制美国。[49] 另一方面，俄罗斯将朝核问题视为美国的形象困境，运用“关联”策略，指责美国威胁使用武力并以朝鲜威胁为借口在该地区增强自己的军事实力，这会带来恶劣后果，以此加强对美国的责难（例证见表9-2）。在“金特会”之后，俄罗斯也并未将其视为美国形象获得提升的事件，反而继续视之为自身形象有望提升的情境，指出“金特会”值得称赞，但这正是俄中“路线图”促成的，以此“强化”俄罗斯的贡献（例证见表9-2）。

朝核问题是大国博弈点，美国想利用这一不稳定因素介入东北亚遏制中俄，[50] 俄罗斯则想借此牵制美国，提升自身在东亚的战略存在，[51] 二者竞相展现自己在处理朝核问题上的影响力，这当然也是朝鲜半岛走不出“安全困境”[52]的一大因素。

综合上述四例，只有美国在面对不同的自我呈现情境时采用了与莫尔的形象管理理论基本一致的策略，即在本国形象陷入困境时，采用逃避责备战略；在本国形象获提升时，采用提升信度战略；在对方形象遭遇困境时，加强对其责难；在对方形象提升时，否认其信度。与之相反，俄罗斯在所有情境中都采用了双重甚至多重策略。一方面，基本符合莫尔自我呈现理论的相应修辞策略；另一方面，无论何种情境都视为以美国为代表的对方形象受损，主要采用“关联”、“非法化”或“强势重构”等修辞策略，加强对对手的责难。

当然，俄罗斯的这种双重策略与莫尔的观点并不冲突。莫尔认为，在竞争情境下，当相关主张受到公众或对手质疑时，政治话语就转化成可信度的较量。就提升可信度而言，可以通过提供事实材料（比如俄提供对乌克兰进行人道救援的清单）、第三方解释（比如俄在乌克兰危机中频繁采用第三方证言）或设置共同目标（比如俄同某国就乌克兰议题达成共识）等方式自证，但通过“攻击对手”也能达到这一效果，在实践中更为常见，[53] 毕竟对手陷入形象困境正是提升自身形象的良机。

上述四例没有触及自我呈现理论的下述策略，即在本国形象遭遇困境、希望逃避责备时的“承认、道歉及补救策略”，面对斯诺登泄密事件的美国和面对乌克兰危机的俄罗斯都没有进行道歉式的表态。德国学者克里斯托佛·达斯（Christopher Daase）等人认为，道歉包括否认、找借口和致歉，致歉有恳请原谅和希望补救之意，[54] 而莫尔所说的“承认、道歉及补救策略”相当于“致歉”。在国际竞争场域，否认和找借口这种只承认事态负面结果并表示遗憾的表态，远比请求他人原谅以及采取补救行动更为稳妥，因为不当表态会带来很高的社会成本，包括形象受损或物质受损。

四、结语

信息时代的国际政治是一场激烈的国家形象竞争，常常体现为各国国际报道的较量，所以话语成了软实力的货币，[55] 而修辞则影响着“话语货币”的“兑换率”。一国的国际形象是“自述”与“他述”相互博弈的过程，这很大程度上就是在争夺国际话语权。对美俄在四类不同情境中采用的修辞策略的比较分析表明，在新媒体环境下，竞争双方需要重视修辞战略，更需要界定自己的身份状态、形象地位，审视对手的责任、行动或结果，进而选择适当的修辞策略，有效地影响对方的形象，实现良好的自我呈现效果。

此外，俄罗斯的修辞策略更具进攻性，不仅在每种情境中都运用了双重修辞策略，而且都将情境界定为“对手形象困境”，并增强对对手的责难。这与普京政府领导下的俄罗斯希望加强国际新闻报道，扩大自身国际影响力，同时遏制美国影响力的外交政策是一致的。[56]

上述分析让我们意识到，在引导人们进行某种身份归因、认同归属、形象界定从而获得社会权力的自我呈现修辞策略中，身份、认同和形象具有很强的主动建构性，并非被动地受制于国际舆论的塑造。国际环境、情势和事件纷繁多变，没有哪个国家能掌握所有事实，也没有什么话语可以让所有国家都满意，一个国家要想坚持自主的发展道路、争取更大的国际话语权、秉持得道多助的对外政策，就需要更加审慎地思考如何在战略和策略上化被动为主动。

注　释

〔1〕赵鸿燕、李金慧:《政治修辞:媒体外交的传播智慧——基于言语行为理论的框架分析》,载《国际新闻界》2010 年第 3 期,第 57-58 页。

〔2〕Eytan Gilboa, "Searching for a Theory of Public Diplomacy", *The Annals of the American Academy of Political and Social Science*, Vol. 616, No. 1, 2008, pp. 55-77.

〔3〕张巨岩、巩昕岬、宋婧:《公共外交与修辞中的隐喻:美国"9·11"后公共外交修辞中的系列隐喻》,载《国际新闻界》2010 年第 8 期,第 42-49 页。

〔4〕姜小凌、张昆:《政治传播视阈下俄罗斯媒体对国际话语权的架构——以乌克兰危机中俄美的话语博弈为例》,载《新闻爱好者》2016 年第 5 期,第 38-42 页。

〔5〕何滋怡:《习近平的话语修辞艺术》,载《青年记者》2018 年第 23 期,第 4-5 页。

〔6〕Young Joon Lim, "Conceptual Models of Media Diplomacy: For the Resolution of International Communication", *International Journal of Communication Research*, Vol. 7, Issue 1, 2017, pp. 11-21.

〔7〕Eytan Gilboa, "Media Diplomacy: Conceptual Divergence and Application", *Harvard International Journal of Press /Politics*, Vol. 3, No. 3, 1998, pp. 55-77.

〔8〕赵鸿燕、李金慧:《政治修辞:媒体外交的传播智慧——基于言语行为理论的框架分析》,载《国际新闻界》2010 年第 3 期,第 57-58 页。

〔9〕刘文科:《权力运作中的政治修辞》,北京:人民出版社2010年版,第3页。

〔10〕姜小凌、张昆:《政治传播视阈下俄罗斯媒体对国际话语权的架构:以乌克兰危机中俄美的话语博弈为例》,载《新闻爱好者》2016年第5期,第38-42页。

〔11〕王茜蛟:《论西方媒体对华报道时的“修辞陷阱”》,载《新闻战线》2016年第6期,第43-44页。

〔12〕Miriyam Aouragh, “Hasbara 2.0: Israel's Public Diplomacy in the Digital Age”, *Middle East Critique*, Vol. 25, No. 3, 2016, pp. 271-297.

〔13〕Wilson Dizard, *Digital Diplomacy: U. S. Foreign Policy in the Information Age*, Santa Barbara: Praeger, 2001.

〔14〕Yong-Seok Choi and Hyo-Mi Kim, “The Influence of Public Diplomacy with Social Media on Country Image and Country Bands - Focusing on Cultural Contents”, *The Journal of the Korea Contents Association*, Vol. 16, No. 3, 2016, pp. 426-438.

〔15〕陈龙:《修辞术博弈:“后真相时代”的政治传播症候》,载《探索与争鸣》2017年第4期,第18-21页。

〔16〕赵鸿燕、李金慧:《政治修辞:媒体外交的传播智慧——基于言语行为理论的框架分析》,载《国际新闻界》2010年第3期,第57-58页。

〔17〕Ben Mor, “The Rhetoric of Public Policy and Propaganda Wars: A View from Self-Presentation Theory”, *European Journal of Political Research*, Vol. 46, No. 5, 2007, pp. 661-683.

〔18〕Lisa-Maria Kretschmer, “Imagine There Is War and It is Tweeted Live-An Analysis of Digital Diplomacy in the Israeli-Palestinian Conflict”, *Global Media Journal*, Vol. 7, No. 1, 2017, pp. 1-23.

〔19〕莫尔认为这种攻击与防御的互动在实践和研究层面都被低估了，参见 Ben Mor，“The Structure of Rhetorical Defense in Public Diplomacy: Israel's Social Account of the 2010 Turkish Flotilla Incident”，*Media*，*War & Conflict*，Vol. 7，No. 2，2014，pp. 250-265.

〔20〕Edward Jones and Pittman Thane，“Toward a General Theory of Strategic Self-Presentation”，*Psychological perspectives on the self*，Vol. 1，No. 1，1982，p. 231.

〔21〕章志光：《社会心理学》，北京：人民教育出版社 1996 年版，第 61-64 页。

〔22〕［美］查尔斯·库利：《人类本性与社会秩序》，包凡一、王湲译，北京：华夏出版社 2015 年版，第 149-184 页。

〔23〕Erving Goffman，*The Presentation of Self in Everyday Life*，London: Harmondsworth，1978，p. 150.

〔24〕William Benoit，*Accounts*，*Excuses*，*and Apologies*：*A Theory of Image Restoration Strategies*，Albany：State University of New York Press，1995，p. 5.

〔25〕Ronald L. Jepperson，Alexander Wendt，and Peter J. Katzenstein，“Norms，Identity and Culture in National Security”，in P. J. Katzenstein（ed.），*The Culture of National Security*. New York：Columbia University Press，1996，p. 59.

〔26〕王啸：《国际话语权与中国国际形象的塑造》，载《国际关系学院学报》2010 年第 6 期，第 60 页。

〔27〕James Tedeschi，*Impression Management Theory and Social Psychological Research*，New York：Academic Press，1981，pp. 3-10.

〔28〕Ben Mor，“The Rhetoric of Public Policy and Propaganda Wars：A View from Self-Presentation Theory”，*European Journal of Political Research*，

Vol. 46, No. 5, 2007, pp. 661–683.

〔29〕本表改编自 Ben Mor, "The Rhetoric of Public Policy and Propaganda Wars: A View from Self-Presentation Theory", *European Journal of Political Research*, Vol. 46, No. 5, 2007, p. 669, Table 1.

〔30〕本表改编自 Lisa-Maria Kretschmer, "Imagine There Is War and It Is Tweeted Live-An Analysis of Digital Diplomacy in the Israeli-Palestinian Conflict", Global Media Journal, Vol. 7, No. 1, 2017, p. 4, Table 1. 具体策略的界定主要依据主体是否认可事件的责任、行为或结果（比如在"借口"策略中，主体认可事件的结果，但否定自身的责任和行为），此项在本表中省略。

〔31〕"本文例证"为作者总结，需结合下文案例分析进行理解，为方便对照阅读，提前放在表2中。

〔32〕分析数据取自美俄驻华使馆新浪微博以及两国的官方网站（美国国务院网站及俄罗斯外交部网站）对相应事件的报道。

〔33〕李恒阳:《"斯诺登事件"与美国网络安全政策的调整》，载《外交评论》（外交学院学报）2014年第6期，第114页。

〔34〕汪晓风:《"斯诺登事件"后美国网络情报政策的调整》，载《现代国际关系》2018年第11期，第63页。

〔35〕Debora Halbert and Stefan Larsson. "By Policy or Design? Privacy in the US in a Post-Snowden World", *Journal of Law, Technology and Public Policy*, Vol. 1, No. 2, 2015, p. 12.

〔36〕John J. Mearsheimer, "Why the Ukraine crisis is the West's fault: the liberal delusions that provoked Putin", *Foreign Affairs*, Vol. 93, No. 5, 2014, p. 77.

〔37〕其中有61条报道与本文中的修辞策略无关，如"就乌克兰签订协议""乌克兰内双方交换战俘""双方同意停火"等。

〔38〕“中国强调有关各方应通过对话解决分歧，设立国际协调机制，探索政治解决乌克兰危机的途径。”参见柳丰华:《乌克兰危机以来的中俄美三角关系：调整与走势》，载《国际经济评论》2017年第4期，第104页。这个基本立场也与俄罗斯的公开立场一致。

〔39〕Roy Allison, “Russian ‘Deniable’ Intervention in Ukraine: How and Why Russia Broke the Rules”, *International Affairs*, Vol. 90, No. 6, 2014, p. 1258.

〔40〕张弘:《大国关系调整与乌克兰的“欧洲一体化危机”》，载《世界经济与政治论坛》2016年第1期，第20页。

〔41〕John J. Mearsheimer, “Why the Ukraine Crisis is the West's Fault: the Liberal Delusions that Provoked Putin”, *Foreign Affairs*, Vol. 93, No. 5, 2014, p. 77.

〔42〕谢晓光:《普京时代俄罗斯公共外交政策评析》，载《当代世界与社会主义》2016年第3期，第170页。

〔43〕Helle Dale, Ariel Cohen and Janice Smith, “Challenging America: How Russia, China, and Other Countries Use Public Diplomacy to Compete with the U. S. ”, *Heritoye Foundation*, No. 2698, 2012, pp. 1-16.

〔44〕Ilya Yablokov, “Conspiracy Theories as a Russian Public Diplomacy tool: The Case of Russia Today (RT) ”, *Politics*, Vol. 35, issue 3-4, 2015, pp. 301-315.

〔45〕李滢嫣:《多语种电视频道在俄罗斯公共外交中的作用：以“今日俄罗斯”电视台为例》，载《东南传播》2013年第7期，第36页。

〔46〕Ilya Yablokov, “Conspiracy Theories as a Russian Public Diplomacy tool: The Case of Russia Today (RT) ”, *Politics*, Vol. 35, issue 3-4, 2015, pp. 301-315.

〔47〕李滢嫣:《多语种电视频道在俄罗斯公共外交中的作用：以

"今日俄罗斯"电视台为例》，载《东南传播》2013 年第 7 期，第 36 页。

〔48〕陈春彦:《西方对"今日俄罗斯"的议程设置及其警示》，载《新闻界》2015 年第 13 期，第 64 页。

〔49〕李明月:《朝核问题与中美核安全博弈》，载《国际关系研究》2019 年第 2 期，第 21-22 页。

〔50〕沈定昌:《美国与朝鲜半岛无核化》，载《东北亚学刊》2017 年第 1 期，第 39 页。

〔51〕易飞:《俄罗斯在解决朝核问题上的角色与政策分析》，载《亚太安全与海洋研究》2018 年第 4 期，第 121 页。

〔52〕Roland Bleiker，"A Rogue is a Rogue is a Rogue：US Foreign Policy and the Korean Nuclear Crisis"，*International Affairs*，Vol. 79，No. 4，2003，p. 736.

〔53〕Ben Mor，"The Rhetoric of Public Policy and Propaganda Wars：A View from Self-Presentation Theory"，*European Journal of Political Research*，Vol. 46，No. 5，2007，pp. 661-683.

〔54〕Christopher Daase，Stefan Engert，Michel-André Horelt，Judith Renner，& Renate Strassner，*Apology and Reconciliation in International Relations Routledge*，2015，p. 3.

〔55〕［美］约瑟夫·奈:《权力大未来》，王吉美译，北京：中信出版社 2012 年版，第 147 页。

〔56〕陈雪飞:《美国与俄罗斯在中国的竞争型公共外交——基于两国驻华使馆新浪微博的分析》，载《国际论坛》2018 年第 4 期，第 77 页。

参考文献

中文文献：

[美] 爱德华·霍尔：《超越文化》，何道宽译，北京大学出版社 2010 年版。

班固：《汉书·元帝纪》，北京：中华书局 1962 年版。

[古希腊] 柏拉图：《政治家》，洪涛译，上海人民出版社 2006 年版。

陈剑锋、倪世雄：《国家利益与国际一体化》，载《国际观察》1998 年第 2 期。

[美] 查尔斯·库利：《人类本性与社会秩序》，包凡一、王湲译，北京：华夏出版社 2015 年版。

陈春彦：《西方对“今日俄罗斯”的议程设置及其警示》，载《新闻界》2015 年第 13 期。

陈力祥：《王船山义利观辨正》，载《江淮论坛》2006 年第 6 期。

陈龙：《修辞术博弈：“后真相时代”的政治传播症候》，载《探索与争鸣》2017 年第 4 期。

陈雪飞：《网络政治的知识图景：评〈数字民主的迷思〉》，载《公共行政评论》2017 年第 6 期；《跨文化交流论》，北京：时事出版社 2010 年版。

程桂龙、刘新华：《从“应急防御”到“常态进攻”——美国对华公共外交的转变》，载《南京政治学院学报》2014 年第 1 期 。

程曼丽、王维佳：《对外传播及其效果研究》，北京大学出版社 2011 年版。

楚树龙、王青：《传统文化对当代中国外交的影响》，载《世界经济与政治》2007 年第 12 期。

[美] 戴维·迈尔斯：《心理学》，黄希庭等译，北京：人民邮电出版

社 2006 年版。

［英］丹尼斯·麦奎尔：《受众分析》，刘燕南、李颖、杨振荣译，北京：中国人民大学出版社 2006 年版。

邓小平：《邓小平文选》（第二卷），北京：人民出版社 1994 年版。

［法］多米尼克·莫伊西：《情感地缘政治学：恐惧、羞辱与希望的文化如何重塑我们的世界》，姚芸竹译，北京：新华出版社 2010 年版。

［加］郝拓德、［美］安德鲁·罗斯：《情感转向：情感的类型及其国际关系影响》，柳思思译，载《外交评论》（外交学院学报）2011 年第 4 期。

［美］汉斯·摩根索：《国家间政治：寻求权力与和平的斗争》，徐昕、郝望、李保平译，王缉思校，北京：中国人民公安大学出版社 1990 年版。

韩毓海：《天下：包容四夷的中国》，北京：九州出版社 2012 年版。

贺文萍：《中国援助非洲：发展特点、作用及面临的挑战》，载《西亚非洲》2010 年第 7 期。

何宗强、李婷：《美国网络外交效用分析：以奥巴马政府对伊朗网络外交为例》，载《国际论坛》2012 年第 2 期。

［美］亨利·基辛格：《论中国》，胡利平等译，北京：中信出版社 2012 年版。

桓宽：《盐铁论》，王利器校注，北京：中华书局 1992 年版。

黄梅波：《中国对外援助机制：现状和趋势》，载《国际经济合作》2007 年第 6 期。

黄朝翰、赵力涛：《新加坡社会发展经验》，新加坡：八方文化创作室 2009 年版。

黄平、崔之元主编：《中国与全球化：华盛顿共识还是北京共识》，北京：社会科学文献出版社 2005 年版。

黄伟合：《墨子的义利观》，载《中国社会科学》1985 年第 3 期。

黄忠、唐小松：《中国对韩公共外交评析》，载《现代国际关系》2016 年第 3 期；《新形势下中国对拉美国家的公共外交》，载《拉美研究》2015 年第 2 期。

强世功：《乡村社会的司法实践知识、技术与权力：一起乡村民事调解案》，载《战略与管理》1997 年第 4 期。

［日］金子将史、北野充主编：《公共外交：“舆论时代”的外交战

略》，《公共外交》翻译组译，刘江永审校，北京：外语教学与研究出版社 2010 年版。

柯小刚：《儒法关系与人民共和的古代历史渊源》，载《政治与法律评论》2010 年卷，北京大学出版社 2010 年版。

中共中央文献研究室编：《邓小平年谱》（下），北京：中央文献出版社 2007 年版。

李安山：《为中国正名：中国的非洲战略与国家形象》，载《世界经济与政治》2008 年第 4 期。

李德芳：《中国开展南太平洋岛国公共外交的动因及现状评析》，载《太平洋研究》2014 年第 11 期。

李恒阳：《“斯诺登事件”与美国网络安全政策的调整》，载《外交评论》（外交学院学报）2014 年第 6 期。

李明月：《朝核问题与中美核安全博弈》，载《国际关系研究》2019 年第 2 期。

李宇：《从宣到传：电视对外传播研究》，北京大学出版社 2013 年版。

廖宏斌：《公共外交：国际经验与启示》，载《当代世界与社会主义》2009 年第 1 期。

刘洪潮主编：《怎样做对外宣传报道》，北京：中国传媒大学出版社 2005 年版。

柳丰华：《乌克兰危机以来的中俄美三角关系：调整与走势》，载《国际经济评论》2017 年第 4 期。

柳宗元：《封建论》。

刘文科：《权力运作中的政治修辞》，北京：人民出版社 2010 年版。

［美］罗伯特·卡根：《天堂与实力：世界新秩序下的美国与欧洲》，肖蓉、魏红霞译，北京：新华出版社 2004 年版。

［美］罗伯特·杰维斯：《国际政治中的知觉与错误知觉》，秦亚青译，上海人民出版社 2015 年版。

罗建波：《中国对非洲政策与国家形象塑造》，载《天津行政学院学报》2008 年第 5 期；《中国与西方国家的对非洲外交：在分歧中寻求共识与合作》，载《世界经济与政治》2009 年第 4 期。

［法］米歇尔·福柯：《权力的眼睛：福柯访谈录》，上海人民出版社 1997 年版。

钱穆：《中国历代政治得失》，北京：生活·读书·新知三联书店

2001 年版。

潘维、玛雅主编:《人民共和国六十年与中国模式》，北京：生活·读书·新知三联书店 2010 年版。

任晓:《论东亚“共生体系”原理——对外关系思想和制度研究之一》，载《世界经济与政治》2013 年第 7 期。

[加] 沙伯力、严海蓉:《非洲人对于中非关系的认知》（上、下），载《西亚非洲》2010 年第 8 期、第 11 期。

商聚德:《传统义利观要义及其改造与转换》，载《中国哲学史》1999 年第 4 期。

商鞅:《商君书》，石磊译注，北京：中华书局 2011 年第 1 版。

[美] 塞缪尔·亨廷顿:《文明的冲突与世界秩序的重建》，周琪等译，北京：新华出版社 2009 年版。

沈定昌:《美国与朝鲜半岛无核化》，载《东北亚学刊》2017 年第 1 期。

史泽华、陈欢:《公共外交中的价值整合及其限度——以韩国就“慰安妇”问题对美公共外交为例》，载《东北亚论坛》2016 年第 6 期。

时殷弘:《当代中国的对外战略思想——意识形态、根本战略、当今挑战和中国特性》，载《世界经济与政治》2009 年第 9 期；《从“朝贡和平”到决战决胜：汉初 80 年的帝国对外历程》，载《文化纵横》2011 年第 3 期；《武装的中国：千年战略传统及其外交意蕴》，载《世界经济与政治》2011 年第 6 期。

苏长和:《共生型国际体系的可能——在一个多极世界中如何构建新型大国关系》，载《世界经济与政治》2013 年第 9 期。

檀有志:《国际话语权竞争：中国公共外交的顶层设计》，载《教学与研究》2013 年第 4 期。

[英] 汤因比、[日] 池田大作:《展望二十一世纪：汤因比与池田大作对话录》，荀春生等译，北京：国际文化出版公司 1985 年版。

唐小松:《论中国公共外交的两条战线》，载《现代国际关系》2007 年第 8 期。

唐小松、张自楚:《中国对周边“一带一路”沿线国家的公共外交》，载《教学与研究》2016 年第 6 期。

唐小松、唐丽娜:《中国对东盟的公共外交：现状、动因与方向》，载《东南亚研究》2017 年第 4 期。

唐小松、程帅：《中国对俄罗斯公共外交评析》，载《社会科学》2017 年第 7 期。

唐彦林：《美国对中国在非洲软权力的评估及启示》，载《西亚非洲》2010 年第 5 期。

王东：《国际协调与博弈并存的“后金融危机时期”》，载《当代世界》2010 年第 8 期。

王啸：《国际话语权与中国国际形象的塑造》，载《国际关系学院学报》2010 年第 6 期。

汪晓风：《“斯诺登事件”后美国网络情报政策的调整》，载《现代国际关系》2018 年第 11 期。

王绍光主编：《选主批判：对当代西方民主的反思》，欧树军译，北京大学出版社 2014 年版；《中国仍然是低福利国家吗？——比较视角下的中国社会保护“新跃进”》，载《人民论坛·学术前沿》2013 年第 22 期。

吴磊、卢光盛：《关于中国-非洲能源关系发展问题的若干思考》，载《世界经济与政治》2008 年第 9 期。

[美] 希伦·洛厄里、梅尔文·德弗勒：《大众传播效果研究的里程碑》，刘海龙等译，北京：中国人民大学出版社 2009 年版。

谢晓光：《普京时代俄罗斯公共外交政策评析》，载《当代世界与社会主义》2016 年第 3 期。

熊文驰：《人权、援助与发展问题：以非洲国家为例》，载《世界经济与政治》2010 年第 8 期。

叶自成：《中国传统文化中的义利观与中国外交》，载《国际政治研究》2007 年第 3 期。

易飞：《俄罗斯在解决朝核问题上的角色与政策分析》，载《亚太安全与海洋研究》2018 年第 4 期。

[美] 约瑟夫·奈：《理解国际冲突：理论与历史》，张小明译，上海人民出版社 2002 年版；《权力大未来》，王吉美译，北京：中信出版社 2012 年版。

赵鸿燕、李金慧：《政治修辞：媒体外交的传播智慧——基于言语行为理论的框架分析》，载《国际新闻界》2010 年第 3 期。

赵可金：《公共外交的理论与实践》，上海辞书出版社 2007 年版。

赵晓力：《美国人来自火星，欧洲人来自金星?》，载《书城》2005 年第 3 期。

赵汀阳：《天下体系：世界制度哲学导论》，北京：中国人民大学出版社 2011 年版。

张锋：《“中国例外论”刍议》，载《世界经济与政治》2012 年 3 期。

张弘：《大国关系调整与乌克兰的“欧洲一体化危机”》，载《世界经济与政治论坛》2016 年第 1 期。

张建：《俄罗斯国际观的新变化及其特点、原因和影响分析》，载《国际观察》2017 年第 1 期。

张巨岩、巩昕頔、宋婧：《公共外交与修辞中的隐喻：美国“9·11”后公共外交修辞中的系列隐喻》，载《国际新闻界》2010 年第 8 期。

张忠祥：《试析中国对非洲外交中的不干涉内政原则》，载《西亚非洲》2010 年第 1 期。

章志光：《社会心理学》，北京：人民教育出版社 1996 年版。

郑华：《新公共外交内涵对中国公共外交的启示》，载《世界经济与政治》2011 年第 4 期。

郑蔚康（整理）：《他山之石，可以攻玉：新加坡驻广州总领事洪齐全讲座实录》，载《东南亚研究》2008 年第 5 期。

朱云汉、王绍光、赵全胜：《华人社会政治学本土化研究的理论与实践》，中国台湾：桂冠图书 2002 年版。

［美］邹谠：《美国在中国的失败（1941—1950）》，王宁、周先进译，上海人民出版社 2012 年版。

英文文献：

Alex Vines, “China in Africa: A Mixed Blessing?” *Current History*, May 2007.

Ali Askouri, “China's Investment in Sudan: Displacing Villages and Destroying Communities”, In Firoze Manji and Stephen Marks eds., *African Perspectives on China in Africa*, Cape Town, Nairobi, and Oxford: Fahamu, 2007.

Alvin Y. So, Globalization and transition from neoliberal capitalism to state develpmentalism in China, *International Review of Modern Sociology*, Vol. 33, Special Issue, 2007.

Barry Sautman and Hairong Yan, “Friends and Interests: China's Distinctive Links with Africa”, *African Studies Review*, Vol. 50, No. 3 (Dec.), 2007; “African Perspectives on China-Africa Links”, *The China Quarterly*,

199, September 2009.

Beibei Tang, Deliberating Governance in Chinese Urban Communities, *The China Journal*, No. 73 (January), 2015.

Ben D. Mor, "The Rhetoric of Public Diplomacy and Propaganda Wars: A View from Self-Presentation Theory", *European Journal of Political Research*, Vol. 46, 2007; "The Structure of Rhetorical Defense in Public Diplomacy: Israel's Social Account of the 2010 Turkish Flotilla Incident", *Media War & Conflict*, Vol. 7, No. 2, 2014.

Bridget Welsh and Alex Chang, "Choosing China: public perceptions of 'China as a model' international images of a rising China", *Journal of Contemporary China*, Vol. 24, Issue 93, 2015.

Colin Hoskins and Rolf Mirus, "Reasons for the US Dominance of the International Trade in Television Programmes", *Media, Culture and Society*, Vol. 10, 1988.

Colin Hoskins, Rolf Mirus and William Rozeboom, U. S. television programs in the international market: Unfair Pricing? *Journal of Communication*, 39 (2), 1989.

Chris Alden, Daniel Large and Ricardo Soaresde Oliveira (eds.), *China Returns to Africa: A Rising Power and a Continent Embrace*, London: Hurst & Company, 2008.

Christopher Daase, Stefan Engert, Michel-André Horelt, Judith Renner and Renate Strassner, *Apology and Reconciliation in International Relations Routledge*, 2015.

Daniel A. Bell, *The China Model: Political Meritocracy and the Limits of Democracy*, Princeton University Press, 2015.

David H. Shinn, "Africa: The United States and China Court the Continent", *Journal of International Affairs*, 62 (2), Spring 2009.

Debora Halbert and Stefan Larsson. "By Policy or Design? Privacy in the US in a Post-Snowden World", *Journal of Law, Technology and Public Policy*, Vol. 1, No. 2, 2015.

Deborah Brautigam, *The Dragon's Gift: The Real Story of China in Africa*, Oxford: Oxford University Press, 2009.

Dingping Guo, The Changing Nature of Chinese Socialism Comparative Perspectives, *European Journal of East Asian Studies*, Vol. 8, No. 1, 2009.

Edward Jones and Pittman Thane, "Toward a General Theory of Strategic Self-Presentation", *Psychological perspectives on the self*, Vol. 1, No. 1, 1982.

Emma Mawdsley, "Fu Manchu versus Dr Livingstone in the Dark Continent? Representing, China, Africa and the West in British broad-sheet Newspapers", *Political Geography*, Vol. 27 (5), 2008.

Erik C. Nisbet, Matthew C. Nisbet, Dietram A. Scheufele and James E. Shanahan, "Public Diplomacy, Television News, and Muslim Opinion", *International Journal of Press/politics*, Vol. 9, No. 2, 2004.

Eric Teo Chu Cheow, U. S. -China Ideological Rivalry Heats Up, *Japan Times*, January 5, 2006.

Erving Goffman, *The Presentation of Self in Everyday Life*, London: Harmondsworth, 1978.

Evan Potter "Canada and the New Public Diplomacy", *International Journal*, Vol. 63, No. 1, 2003.

Eytan Gilboa, "Searching for a Theory of Public Diplomacy", *The Annals of the American Academy of Political and Social Science*, Vol. 616, 2008.

Fahmy S, Wanta W, Nisbet E, "Mediated public diplomacy: Satellite TV news in the Arab world and perception effects", *International Communication Gazette*, Vol. 74, No. 8, 2012.

Felix M. Edoho, "Oil Transnational Corporations: Corporate Social Responsibility and Environmental Sustainability", *Corporate Social Responsibility and Environmental Management*, 15, 2007; "State-Corporate Alliance: Ramifications for Corporate Social Responsibility and Sustainable Livelihood", *African Journal of Business and Economic Research*, 3 (1), 2008; "Globalization and Marginalization of Africa: Contextualization of China-Africa Relations", *Africa Today*, 58 (1), 2011.

Filippos Proedrou and Christos Frangonikolopoulos, "Refocusing public diplomacy: The need for strategic discursive public diplomacy", *Diplomacy and Statecraft*, Vol. 23, 2012.

Gary D. Rawnsley, "Public Diplomacy and International Broadcasting in Contemporary Russia and China", *Politics*, Vol. 35, No. 3-4, 2015.

Haifeng Huang, Signal left, turn right: Central rhetoric and local reform in

China, *Political Research Quarterly*, Vol. 66, No. 2, 2013.

Helle C. Dale, Ariel Cohen, and Janice A. Smith, "Challenging America: How Russia, China, and Other Countries Use Public Diplomacy to Compete with the U. S.", *Backgrounder*, No. 2698, 2012.

Ilya Yablokov, "Conspiracy Theories as a Russian Public Diplomacy Tool: The Case of Russia Today (RT) ", *Politics*, Vol. 35, No. 3-4, 2015.

James Eedes, "China In Africa: Trader With Rogues, Or Force For Progress?" *The Banker*, 1 May 2006.

James Mittelman, "Globalization and Development: Learning from Debates in China", *Globalizations*, 3 (3), 2006.

James Tedeschi, *Impression Management Theory and Social Psychological Research*, New York: Academic Press, 1981.

Jennifer L. Parenti, "China-Africa relations in the 21st century", *JFQ*, issue 52, 1st quarter 2009.

Jessica C. Teets, *Civil Society under Authoritarianism: The China Model*, Cambridge University Press, 2014.

John J. Mearsheimer, "Why the Ukraine crisis is the West's fault: the liberal delusions that provoked Putin", *Foreign Affairs*, Vol. 93, No. 5, 2014.

John Williamson, "Is the 'Beijing Consensus' Now Dominant?" *Asia Policy*, 13, 2012.

Joseph S. Nye, The rise of China's soft power, *The Wall Street Journal Asia*, 29 Decembe, 2005.

Joshua Eisenman & Joshua Kurlantzick, "China's Africa Strategy", *Current History*, May 2006.

Kenneth King, "China's Cooperation with Africa, and Especially South, in Education and Training: A Special Relationship and a Different Approach to Aid?" *Journal of International Cooperation in Education*, 13 (2), 2010.

Kweku Ampiah and Sanusha Naidu (eds.), *Crouching Tiger, Hidden Dragon? Africa and China*, Scottsville: University of KwaZulu - Natal Press, 2008.

Lisa-Maria Kretschmer, "Imagine There Is War and It is Tweeted Live: An Analysis of Digital Diplomacy in the Israeli-Palestinian Conflict", *Global Media Journal*, Vol. 7, No. 1, 2017.

Lucian W Pye, *The Spirit of Chinese Politics*, Cambridge, MS: Harvard University Press, 1992.

Mark Leonard, *Public Diplomacy*, The Foreign Policy Center, 2002.

Maurice Meisner, *The Deng Xiaoping Era: An Inquiry into the Fate of Chinese Socialism*, 1978-1994, New York: Hill and Wang, 1996.

Meine Pieter van Dijk, *The New Presence of China in Africa*, Amsterdam University Press, with EADI, 2009.

Michael J. Bustamante and J. E. Sweig, "Buena Vista Solidarity and the Axis of Aid: Cuban and Venezuelan Public Diplomacy", *Annals of the American Academy of Political & Social Science*, Vol. 616, No. 1, 2008.

Miriyam Aouragh, "Hasbara 2. 0: Israel's Public Diplomacy in the Digital Age", *Middle East Critique*, Vol. 25, No. 3, 2016.

Nancy Snow and Phillip Taylor, *Routledge Handbook of Public Diplomacy*, Routledge, 2009.

Nicholas Cull, "Public diplomacy: Seven lessons for its future from its past", *Place Branding & Public Diplomacy*, Vol. 6, No. 1, 2010; "The long road to public diplomacy 2. 0: The internet in US public diplomacy", *International Studies Review*, Vol. 15, 2013.

Patrick J. Keenan, "Curse or Cure? China, Africa, and the Effects of Unconditioned Wealth", *Berkeley Journal of International Law*, 27 (1), 2008.

Peter J. Katzenstein, *The Culture of National Security*. New York: Columbia University Press, 1996.

Rauf Arif, Guy J Golan and Brian Moritz, "Mediated public diplomacy: US and Taliban relations with Pakistani media", *Media, War & Conflict*, Vol. 7, No. 2, 2014.

Rhiannon Vickers, "The New Public Diplomacy: Britain and Canada Compared", *British Journal of Politics and International Affairs*, Vol. 6, 2004.

Roland Bleiker, "A Rogue is a Rogue is a Rogue: US Foreign Policy and the Korean Nuclear Crisis", *International Affairs*, Vol. 79, No. 4, 2003.

Rotberg Robert I. (ed.), *China into Africa: Trade, Aid, and Influence*, Washington: Brookings Institution Press, 2008.

Roy Allison, "Russian 'Deniable' Intervention in Ukraine: How and Why Russia Broke the Rules", *International Affairs*, Vol. 90, No. 6, 2014.

Serge Michel and Michel Beuret, *China Safari*: *On the Trail of Beijing's Expansion in Africa*, New York: Nation Books, 2009.

Samuel P. Huntington. *Political Order in Changing Societies*. Yale University Press, 2006.

Serge Michel and Michel Beuret, *China Safari*: *On the Trail of Beijing's Expansion in Africa*, New York: Nation Books, 2009.

Scott Kennedy, "The myth of the Beijing Consensus", *Journal of Contemporary China*, 19 (65), 2010.

SimonRabinovitch, "China moves up value chain in Africa", *FT. com*, Mar 28, 2012.

Suisheng Zhao, The China Model: can it replace the Western model of modernization, *Journal of Contemporary China*, 19 (65), 2010.

Susan Shirk, *The Political Logic of Economic Reform in China*, University of California Press, 1993.

Stefan Halper, *The Beijing Consensus*: *How China's Authoritarian Model Will Dominate the 21st Century*, Basic Books, 2010.

Tom Cliff, Post-socialist aspirations in a neo-Danwei, *The China Journal*, No. 73, 2015.

Tsan-Kuo Chang and Fen Lin, "From propaganda to public diplomacy: Assessing China's international practice and its image, 1950-2009", *Public Relations Review*, Vol. 40, 2014.

Yong-Seok Choi and Hyo-Mi Kim, "The Influence of Public Diplomacy with Social Media on Country Image and Country Bands-Focusing on Cultural Contents", *The Journal of the Korea Contents Association*, Vol. 16, No. 3, 2016.

Young Joon Lim, "Conceptual Models of Media Diplomacy: For the Resolution of International Communication", *International Journal of Communication Research*, Vol. 7, Issue 1, 2017.

Yun-han Chu, Sources of Regime Legitimacy and the Debate over the Chinese Model, *The China Review*, Vol. 13, No. 1 (Spring), 2013.

Walden Bello, et al. , *A Siamese tragedy*: *Development & disintegration in Modern Thailand*, Institute for Food and Development Policy/Food First Books, 1999; "China Eyes Africa: The New Imperialism?" *Multinational Monitor*, 28 (1) Jan/Feb. 2007.

Wen-Hsuan Tsai and Peng-Hsiang Kao, Public Nomination and Direct Election in China: An Adaptive Mechanism for Party Recruitment and Regime Perpetuation, *Asian Survey*, Vol. 52, No. 3 (May/June), 2012.

William Benoit, *Accounts, Excuses, and Apologies: A Theory of Image Restoration Strategies*, Albany: State University of New York Press, 1995.

Wilson Dizard, *Digital Diplomacy: U.S. Foreign Policy in the Information Age*, Santa Barbara: Praeger, 2001.

图书在版编目（CIP）数据

文明的逻辑：世界秩序与国际话语的重塑 / 陈雪飞著 .-- 北京：当代世界出版社，2021.8（2023.2 重印）
ISBN 978-7-5090-1604-6

Ⅰ. ①文… Ⅱ. ①陈… Ⅲ. ①发展战略-研究-中国②国际政治-研究 Ⅳ. ①D60②D5

中国版本图书馆 CIP 数据核字（2021）第 067100 号

书　　名：文明的逻辑：世界秩序与国际话语的重塑
出版发行：当代世界出版社
地　　址：北京市东城区地安门东大街 70-9 号
网　　址：http：//www. worldpress. org. cn
邮　　箱：ddsjchubanshe@ 163. com
编务电话：（010）83907528
发行电话：（010）83908410
经　　销：新华书店
印　　刷：北京一鑫印务有限责任公司
开　　本：889 毫米×1092 毫米　　1/32
印　　张：6. 5
字　　数：125 千字
版　　次：2021 年 8 月第 1 版
印　　次：2023 年 2 月第 2 次
书　　号：978-7-5090-1604-6
定　　价：45. 00 元
